KB068005

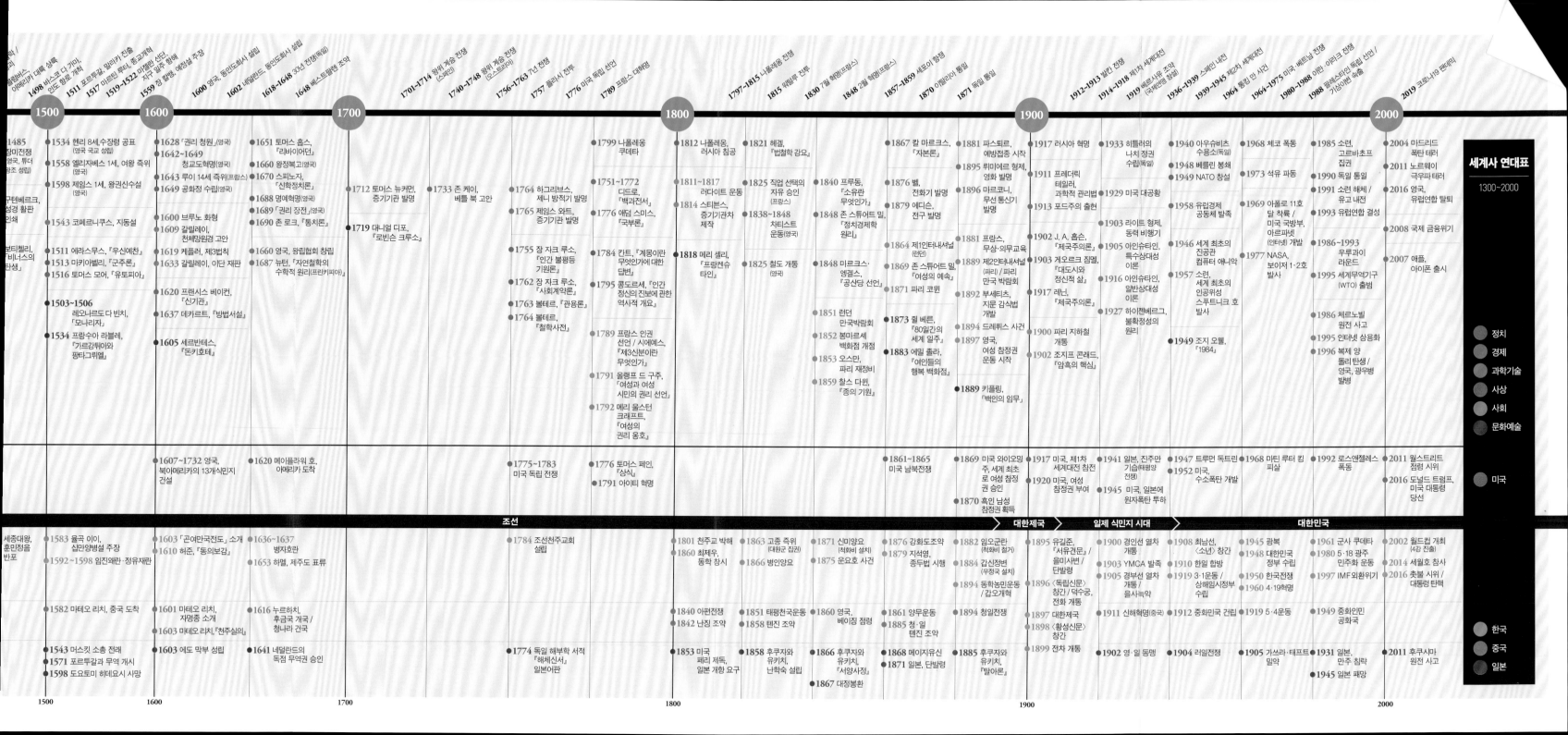

세계사 연대표 1300~2000

범례: 정치 · 경제 · 과학기술 · 사상 · 사회 · 문화예술 · 미국 · 한국 · 중국 · 일본

시대 구분 (상단)
1500 · 1600 · 1700 · 1800 · 1900 · 2000

세계사 주요 사건 (상단 타임라인)
- 1498 바스코 다 가마, 인도 항로 개척
- 1511 포르투갈, 말라카 진출
- 1517 마르틴 루터 종교개혁
- 1519~1522 마젤란 선단, 지구 일주 항해
- 1559 칼뱅, 예정설 주장
- 1600 영국, 동인도회사 설립
- 1602 네덜란드 동인도회사 설립
- 1618~1648 30년 전쟁(독일)
- 1648 베스트팔렌 조약
- 1701~1714 위위 계승 전쟁(스페인)
- 1740~1748 위위 계승 전쟁(오스트리아)
- 1756~1763 7년 전쟁
- 1757 플라시 전투
- 1776 미국 독립 선언
- 1789 프랑스 대혁명
- 1797~1815 나폴레옹 전쟁
- 1815 워털루 전투
- 1830 7월 혁명(프랑스)
- 1848 2월 혁명(프랑스)
- 1857~1859 세포이 항쟁
- 1870 이탈리아 통일
- 1871 독일 통일
- 1912~1913 발칸 전쟁
- 1914~1918 제1차 세계대전
- 1919 베르사유 조약(국제연맹 창설)
- 1936~1939 에스파냐 내전
- 1939~1945 제2차 세계대전
- 1964 통킹 만 사건
- 1964~1975 미국, 베트남 전쟁
- 1980~1988 이란·이라크 전쟁
- 1988 팔레스타인 독립 선언 / 가솔이란 분쟁
- 2019 코로나19 팬데믹

세계사 (본문)
- 1485 장미전쟁(영국, 튜더 왕조 성립)
- 구텐베르크, 성경 활판 인쇄
- 보티첼리, 『비너스의 탄생』
- 1503~1506 레오나르도 다 빈치, 『모나리자』
- 1511 에라스무스, 『우신예찬』
- 1513 마키아벨리, 『군주론』
- 1516 토머스 모어, 『유토피아』
- 1534 헨리 8세, 수장령 공표(영국 국교 성립)
- 1534 프랑수아 라블레, 『가르강튀아와 팡타그뤼엘』
- 1543 코페르니쿠스, 지동설
- 1558 엘리자베스 1세, 여왕 즉위(영국)
- 1598 제임스 1세, 왕권신수설(영국)
- 1600 브루노 화형
- 1605 세르반테스, 『돈키호테』
- 1609 갈릴레이, 천체망원경 고안
- 1619 케플러, 제2법칙
- 1620 프랜시스 베이컨, 『신기관』
- 1628 『권리 청원』(영국)
- 1633 갈릴레이, 이단 재판
- 1637 데카르트, 『방법서설』
- 1642~1649 청교도혁명(영국)
- 1643 루이 14세 즉위(프랑스)
- 1649 공화정 수립(영국)
- 1651 토머스 홉스, 『리바이어던』
- 1660 왕정복고(영국)
- 1660 영국, 왕립협회 창립
- 1670 스피노자, 『신학정치론』
- 1687 뉴턴, 『자연철학의 수학적 원리(프린키피아)』
- 1688 명예혁명(영국)
- 1689 『권리 장전』(영국)
- 1690 존 로크, 『통치론』
- 1712 토머스 뉴커먼, 증기기관 발명
- 1719 대니얼 디포, 『로빈슨 크루소』
- 1733 존 케이, 베틀 북 고안
- 1751~1772 디드로, 『백과전서』
- 1755 장 자크 루소, 『인간 불평등 기원론』
- 1762 장 자크 루소, 『사회계약론』
- 1763 볼테르, 『관용론』
- 1764 볼테르, 『철학사전』
- 1764 하그리브스, 제니 방적기 발명
- 1765 제임스 와트, 증기기관 발명
- 1776 애덤 스미스, 『국부론』
- 1784 칸트, 『계몽이란 무엇인가에 대한 답변』
- 1789 프랑스 인권 선언 / 시에예스, 『제3신분이란 무엇인가』
- 1791 올랭프 드 구주, 『여성과 여성 시민의 권리 선언』
- 1792 메리 울스턴크래프트, 『여성의 권리 옹호』
- 1795 콩도르세, 『인간 정신의 진보에 관한 역사적 개요』
- 1799 나폴레옹 쿠데타
- 1811~1817 러다이트 운동
- 1812 나폴레옹, 러시아 침공
- 1814 스티븐스, 증기기관차 제작
- 1818 메리 셸리, 『프랑켄슈타인』
- 1821 헤겔, 『법철학 강요』
- 1825 직업 선택의 자유 승인(프랑스)
- 1825 철도 개통(영국)
- 1838~1848 차티스트 운동(영국)
- 1840 프루동, 『소유란 무엇인가』
- 1848 존 스튜어트 밀, 『정치경제학 원리』
- 1848 마르크스·엥겔스, 『공산당 선언』
- 1851 런던 만국박람회
- 1852 봉마르셰 백화점 개점
- 1853 오스만, 파리 재정비
- 1859 찰스 다윈, 『종의 기원』
- 1864 제1인터내셔널(런던)
- 1867 칼 마르크스, 『자본론』
- 1869 존 스튜어트 밀, 『여성의 예속』
- 1871 파리 코뮌
- 1873 쥘 베른, 『80일간의 세계 일주』
- 1876 벨, 전화기 발명
- 1879 에디슨, 전구 발명
- 1881 파스퇴르, 예방접종 시작
- 1881 프랑스, 무상·의무교육
- 1883 에밀 졸라, 『여인들의 행복 백화점』
- 1889 제2인터내셔널(파리) / 파리 만국 박람회
- 1889 키플링, 『백인의 임무』
- 1892 부셰티스, 지문 감식법 개발
- 1894 드레퓌스 사건
- 1895 뤼미에르 형제, 영화 발명
- 1896 마르코니, 무선 통신기 발명
- 1897 영국, 여성 참정권 운동 시작
- 1900 파리 지하철 개통
- 1902 J. A. 홉슨, 『제국주의론』
- 1902 조지프 콘래드, 『암흑의 핵심』
- 1903 게오르크 짐멜, 『대도시와 정신적 삶』
- 1905 아인슈타인, 특수상대성 이론
- 1911 프레더릭 테일러, 과학적 관리법
- 1913 포드주의 출현
- 1916 아인슈타인, 일반상대성 이론
- 1917 러시아 혁명
- 1917 레닌, 『제국주의론』
- 1927 하이젠베르크, 불확정성의 원리
- 1929 미국 대공황
- 1933 히틀러의 나치 정권 수립(독일)
- 1940 아우슈비츠 수용소(독일)
- 1946 세계 최초의 진공관 컴퓨터 애니악
- 1948 베를린 봉쇄
- 1949 NATO 창설
- 1949 조지 오웰, 『1984』
- 1957 소련, 세계 최초의 인공위성 스푸트니크 호 발사
- 1958 유럽경제 공동체 발족
- 1968 체코 폭동
- 1969 아폴로 11호 달 착륙 / 미국 국방부, 아르파넷(인터넷) 개발
- 1973 석유 파동
- 1977 NASA, 보이저 1·2호 발사
- 1985 소련, 고르바초프 집권
- 1986 체르노빌 원전 사고
- 1986~1993 우루과이 라운드
- 1990 독일 통일
- 1991 소련 해체 / 유고 내전
- 1993 유럽연합 결성
- 1995 인터넷 상용화
- 1995 세계무역기구(WTO) 출범
- 1996 복제 양 돌리 탄생 / 영국, 광우병 발병
- 2004 마드리드 폭탄 테러
- 2007 애플, 아이폰 출시
- 2008 국제 금융위기
- 2011 노르웨이 극우파 테러
- 2016 영국, 유럽연합 탈퇴

미국
- 1607~1732 영국, 북아메리카의 13개식민지 건설
- 1620 메이플라워 호, 아메리카 도착
- 1775~1783 미국 독립 전쟁
- 1776 토머스 페인, 『상식』
- 1791 아이티 혁명
- 1861~1865 미국 남북전쟁
- 1869 미국 와이오밍 주, 세계 최초로 여성 참정권 승인
- 1870 흑인 남성 참정권 획득
- 1917 미국, 제1차 세계대전 참전
- 1920 미국, 여성 참정권 부여
- 1941 일본, 진주만 기습(태평양 전쟁)
- 1945 미국, 일본에 원자폭탄 투하
- 1947 트루먼 독트린
- 1952 미국, 수소폭탄 개발
- 1968 마틴 루터 킹 피살
- 1992 로스앤젤레스 폭동
- 2011 월스트리트 점령 시위
- 2016 도널드 트럼프, 미국 대통령 당선

한국·중국·일본 (조선 / 대한제국 / 일제 식민지 시대 / 대한민국)

한국
- 세종대왕, 훈민정음 반포
- 1583 율곡 이이, 십만양병설 주장
- 1592~1598 임진왜란·정유재란
- 1603 「곤여만국전도」 소개
- 1610 허준, 『동의보감』
- 1636~1637 병자호란
- 1653 하멜, 제주도 표류
- 1784 조선천주교회 설립
- 1801 천주교 박해
- 1860 동학 창시
- 1863 고종 즉위(대원군 집권)
- 1866 병인양요
- 1871 신미양요(척화비 설치)
- 1875 운요호 사건
- 1876 강화도조약
- 1879 지석영, 종두법 시행
- 1882 임오군란
- 1884 갑신정변(우정국 설치)
- 1894 동학농민운동 / 갑오개혁
- 1895 유길준, 『서유견문』 / 을미사변 / 단발령
- 1896 <독립신문> 창간 / 덕수궁, 전화 개통
- 1897 대한제국
- 1898 <황성신문> 창간
- 1899 전차 개통
- 1900 경인선 열차 개통
- 1903 YMCA 발족
- 1905 경부선 열차 개통 / 을사늑약
- 1908 최남선, <소년> 창간
- 1919 3·1운동 / 상해임시정부 수립
- 1945 광복
- 1948 대한민국 정부 수립
- 1950 한국전쟁
- 1960 4·19혁명
- 1961 군사 쿠데타
- 1980 5·18 광주 민주화 운동
- 1997 IMF 외환위기
- 2002 월드컵 개최(4강 진출)
- 2014 세월호 참사
- 2016 촛불 시위 / 대통령 탄핵

중국
- 1582 마테오 리치, 중국 도착
- 1601 마테오 리치, 자명종 소개
- 1603 마테오 리치, 『천주실의』
- 1616 누르하치, 후금국 개국 / 청나라 건국
- 1840 아편전쟁
- 1842 난징 조약
- 1851 태평천국운동
- 1858 톈진 조약
- 1860 영국, 베이징 점령
- 1861 양무운동
- 1885 청·일 톈진 조약
- 1894 청일전쟁
- 1911 신해혁명(중국)
- 1912 중화민국 건립
- 1919 5·4운동
- 1949 중화인민 공화국

일본
- 1543 머스킷 소총 전래
- 1571 포르투갈과 무역 개시
- 1598 도요토미 히데요시 사망
- 1603 에도 막부 성립
- 1641 네덜란드의 독점 무역권 승인
- 1774 독일 해부학 서적 『해체신서』 일본어판
- 1853 미국 페리 제독, 일본 개항 요구
- 1858 후쿠자와 유키치, 난학숙 설립
- 1866 후쿠자와 유키치, 『서양사정』
- 1867 대정봉환
- 1868 메이지유신
- 1871 일본, 단발령
- 1885 후쿠자와 유키치, 『탈아론』
- 1902 영·일 동맹
- 1904 러일전쟁
- 1905 가쓰라·태프트 밀약
- 1931 일본, 만주 침략
- 1945 일본 패망
- 2011 후쿠시마 원전 사고

왜

국가인가

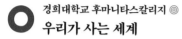
경희대학교 후마니타스칼리지 ◎
우리가 사는 세계

근대 국가와
정치혁명

왜
국가인가

POLITICS

Humanitas College, Kyung Hee University | The World We Live In | 이기라 지음

소의책

서구는 어떻게 세계를 지배하게 되었는가

2011년 봄 학기에 경희대학교는 한국 대학의 역사에서 획기적인 교양교육 프로그램을 출범시켰다. 후마니타스칼리지라는 이름으로 출범한 이 새로운 대학 교양교육 프로그램은 당시 한국 대학은 물론 한국 사회 전체에 커다란 충격을 주었다. 대학이 대학다워야 하며 대학이 바뀌어야 미래가 바뀐다고 선언한 후마니타스칼리지의 새로운 프로그램은 한국 사회의 열렬한 관심을 받았다.

거의 대부분의 한국 대학이 취업 준비 학교로 전락한 뼈아픈 현실을 지적하고 나름의 대안을 제시한 이 행동의 당위성을 인정하는 것은 손쉬운 일이다. 하지만 그러한 당위가 실제 행동으로 나타나기 위해서는 기존 현실을 새롭게 바꿀 만한 충분한 역량이 성숙되어야 한다는 엄혹한 진실은 흔히 망각된다. 현실에 대한 철저한 이해와 비판적 대안을 가진 새로운 세대는 강력한 의지로 세상을 바꾼다. 후마니타스칼리지의 교수진은 미래 사회를 만들어갈 젊은 세대가 인간과 세계에 대한 확고한 이해가 결여되어 있다고 판단하고 대학 졸업자라면, 미래의 지도자라면 그것을 반드시 알아야 한다고 판단했다. 그리고 기존 대학 교육은 그것을 제공하지 않고 단지 취업에 필요한 단편적 지식만 전수하고 있다고 판단했다. 그래서 그들은 19세기 이후 한국 사회가 축적한 근대 경험과 세계 인식의 총화를 새로운 교과과정 설계에 쏟아부었다.

후마니타스칼리지가 채택한 교양교육의 교과 구성에서 가장 핵심적인 필수교과는 한국의 인문지성 역량과 그들이 파악한 세계를 잘 보여준다. 독자가 현재 쥐고 있는 책은 후마니타스칼리지 프로그램에서 전교생 필수과목으로 지난 10년간 가르쳐온 교재 『문명전개의 지구적 문맥 Ⅱ: 우리가 사는 세계』를 대중 독자를 위해 친절하게 해설한 것이다. 이 교과에서 적용되는 사유는 다음과 같이 요약할 수 있다.

지금 우리가 살고 있는 세계는 어떤 세계인가. 인류 문명은 오래전 지구상에 나타났지만 현재 우리가 살고 있는 문명은 최근에 발명된 것이다. 지구상에 현생인류가 등장한 것은 35만 년 전쯤의 일이다. 그때 인간은 생김새나 행동에서 유인원과 여러 모로 유사했지만 조금 다른 유전자를 가지고 있었다. 그 조그만 차이가 35만 년 동안 실로 놀라운 변화를 만들어냈다. 코끼리나 다람쥐, 그리고 물벼룩은 35만 년 전의 조상과 비슷한 행동을 하며 살고 있다. 그들이 35만 년 전의 조상 무리와 만난다면 큰 어려움 없이 함께 어울릴 수 있을 것이다. 하지만 인간은 그동안 생존 방식에서 실로 엄청난 변화를 이루어냈고 35만 년 전의 인류와 21세기의 우리는 유전자만 비슷할 뿐 완전히 다른 생활을 하고 있다. 35만 년 전의 인류와 우리가 만난다면, 서로가 동일한 인류라는 사실을 믿기 힘들 것이다. 이 차이를 가져온 것을 우리는 '인류 문명'이라고 부른다.

인류 문명은 끝없는 가치판단과 선택에 따라 새로운 사회를 만들어왔다. 그래서 우리가 살고 있는 현재의 인류 문명은 1,000년 전의 문명과 완전히 다르다. 지금 이 세계는 약 500년 전 유럽에서 시작된 근대 문명이 만든 세계라고 할 수 있다. 다양한 문화적 차이에도 불구하고 현재 인류는 거의 공통적인 세계 인식을 가르치고 배우고 있다. 인터넷으로 연결된 세계 인식의 그물망에서 공유된 상식과 핵심적 지식은 대부분 지난 500년간 서구 사회에서 시작되고 발전된 산물이다. 서구 문명이 지난 몇 백 년간 지구를 지배하고 있는 현실을 부정할 수는 없다. 서구로 하여금 지구의 지배 세력이 되게끔 만들어준 이 근대 문명의 핵심이 무엇인가. 그것을 철저히 알지 않고서는 그것의 한계를 넘어 극복할 수 없다.

서구의 근대 문명이 동아시아로 올 때, 점잖게 오지 않았다. 근대는 동아시아인이 감당하기 힘든 엄청난 힘으로 밀려왔다. 일본은 미국의 페리 제독이 군함을 끌고 나타났을 때 600년 전 몽고군을 막아준 신의 바람, 가미카제가 아무런 소용이 없다는 걸 이미 알고 있었다. 네덜란드와의 교역 경험을 통해 서양의 근대가 가진 힘을 알아차리고 있었기 때문이다. 동아시아인이 전통적으로 세계의 중심이라고 믿고 있었던 중국은 유럽 열강과의 소규모 전투에서 너무나 맥없이 무너졌다. 다른 동아시아 국가보다 서양 문명을 조금 빨리, 그리고 적극적으로 받아들인 일본이 얼마 뒤 러시아는 물론이고 중국과의 전쟁에서 이겨 서구 근대 문명의 힘을 증명함으로써 동아시아가 나아갈 방향은 정해졌다.

자신들의 문화적 전통을 버리고 서양 문명을 전면적으로 받아들이려는 시대의 흐름은 지금까지도 동아시아의 문화적 정체성에 강력한 영향을 미치고 있다. 하지만 동아시아가 서구 문명을 받아들여 사회를 개조하고 새로운 시대에 부응해간 과정을 단순히 서구 문명의 승리로 요약할 수는 없다. 동아시아인의 문화적 전통은 뿌리 깊다. 서구의 근대적 가치는 동아시아에서 아직도 강력한 힘으로 작용하고 있지만, 그 새로운 문명을 받아들여 적극적으로 이해하고 자신들의 사회에 적용해간 힘이 동아시아의 뿌리 깊은 사회·문화적 전통에서 나온다는 사실 역시 중요하다.

한국이 지난 150년 사이에 겪은 사회적 변화는 경험의 고유성만이 아니라 정도의 면에서도 비교할 만한 다른 사례를 찾아보기 힘들다. 근대를 받아들이자는 결심 아래 국왕이 전근대의 상징 같았던 상투를 지목하고 자르라고 명령했을 때 도끼를 들고 나타나 목을 잘랐으면 잘랐지 상투는 못 자른다고 하던 것이 1895년 조선의 선비들이었다. 그런데 그로부터 100년 후에 한국인들은 성형 천국으로 세계에 이름이 나 있다. 그 사이에 무슨 일이 벌어졌던가? 한국은 스스로의 힘으로 근대적 국민국가를 만들지 못하여 식민지가 되었고 식민지에서 벗어나자마자 사회 구성에 대한 이념적 갈등으로 동족 간의 전쟁을 치렀다. 그러나 전후에는 전 세계에서 가장 빠른 속도의 압축적 근대화를 이룩해서 선진국 대열의 꽁무니에 이르렀다. 지난 100년 동안 한국인들이 사회를 바꾸고 새로운 문화를 만든 과정을 이렇게 간단히 요약하는 것은 역사 망각의 지름길이다. 한국 사회가 새로운 문명을 받아들여 오늘에 이른 것은 초기의 충격 수용으로부터 시작해서 한국인들이 가진 삶의 총체적 능력을 전면적으로, 최대한 발휘해서 얻어낸 것이며 동시에 엄청난 고통과 희생을 동반했다.

현재까지도 한국은 근대가 몰고 온 사회적 변화의 열병을 앓고 있다. 이 열병은 동시에 한국 사회의 생명력의 표현이다. 동아시아에서 가장 강력한 유교 사회를 만들어 500년을 지속한 것이 조선이다. 한국의 사회·문화적 전통은 상상 이상으로 완강해서 100년 전 조선의 지식인들이 감당했던 위기감과, 그에 따른 해결책 모색은 지금도 생생히 살아 있는 문제의식을 보여주고 있다. 차이가 있다면 그때는 바꿔야 할 것이 많았고 지금은 바꾸지 말아야 할 것도 생각할 수 있게 되었다는 점이다.

인류는 35만 년 동안 헤아릴 수 없이 많은 발견과 발명을 거듭하면서 의식주를 해결하고 삶의 조건을 개선시키며 인류 문명을 만들어왔다. 우리가 사는 근대 세계의 관점에서 볼 때, 불의 발견이나 도구의 발명에 비견할 만한 인류사의 대사건은 근대 문명이다. 그 핵심에는 과학혁명이 있다. 현재 지구상의 인류 문명을 특징짓는 획기적 변화가 시작된 것이 과학혁명부터라는 말이다. 과학혁명과 함께 세계는 그 이전의 세계이기를 중지하고 시대는 근대로 이행했다. 세계는 달라지고 인간의 사고 방식에도 대전환이 일어난다. 새로운 세계, 새로운 문명이 탄생한다. 역사는 이 새로운 세계와 문명을 근대 세계라 부르고 근대 문명이라 부른다.

근대 문명은 서구 문명이 이룩한 독특한 '돌파breakthrough'의 하나다. 진리 생산을 향한 과학의 정신과 방법, 비판적 사유, 탐구의 자유에는 재갈이 물리고 무지와 오류를 시정할 길은 막혀 있었다. 이 난국을 돌파하려 한 최초의 대표적 시도가 과학혁명이고 근대 문명이다. 그 혁명 이후의 인류는 이 돌파의 수혜자들이며 한국인들도 그중의 하나다.

이 책을 읽는 독자 여러분은 한국 사회에서 과거의 것이 바뀐 것과 바뀌지 않은 것이 무엇인가를 생각하게 될 것이다. 거기서 21세기를 사는 여러분의 자리가 드러날 것이다. 21세기의 한국인은 유럽인이자 세계인으로 살아간다. 지금까지 문명을 결정했던 장소는 더 이상 우리를 얽어맬 수 없다. 태어난 곳이 한반도라고 해서 삶이 한반도로 제약될 수 없는 시대가 이미 펼쳐지고 있다.

이 책은 경희대학교 후마니타스칼리지에서 10년간 가르쳐온 「우리가 사는 세계」를 각 분야별로 재구성한 것으로서 그 내용은 서구가 창안하고 발전시킨 근대 문명의 핵심적 성과를 한국의 지식인들이 나름의 방식으로 이해하고 요약한 것이다. 지난 몇백 년간 서구는 놀라운 물적·정신적 발전을 보여왔고 그에 기반한 무력으로 세계를 지배해왔다면 우리는 그들이 이룬 문명 전환과 돌파의 정신을 이해하기 위해 우리 나름의 전환적 인식과 돌파를 준비해야 한다. 이 책은 그런 측면에서 한국 인문학의 꽃이다. 식민지 경험과 분단, 전쟁을 겪고 극도의 궁핍을 넘어서 K-문화의 개화를 맞은 지금, 인간과 세계를 한국 인문학은 어떻게 이해하고 요약하고 있는지를 이 책은 잘 보여주고 있다. 과거를 성찰하고 인간의 미래를 상상하는 독자들에게 이 책은 최상의 동반자가 될 것이다.

경희대학교 후마니타스칼리지 학장
이영준

이게 나라냐

2016년 10월 말부터 2017년 3월 초까지 '최순실 국정 농단'에서 비롯된 대규모 촛불 시위가 서울 광화문 일대를 중심으로 전국 주요 도시에서 지속적으로 열렸다. 시위 규모는 늘 그렇듯이 주최 측과 경찰 측 추산이 크게 엇갈렸지만 대한민국 정부 수립 이래로 가장 많은 사람들이 가장 오랜 기간 시위에 참여한 것은 분명해 보인다. 현직 대통령이 파면당하는 사상 초유의 사태까지 불러온 촛불 시위의 직접적인 원인이 최순실의 국정 농단이라는 점에는 이견이 없지만, 반년 가까이 주말마다 수십만 명의 시민을 광장으로 끌어모은 데에는 그 이전부터 국민적 불만이 누적되어온 측면도 무시할 수 없다. 가장 대표적인 사건은 의심할 여지 없이 '세월호 참사'일 것이다. 2014년 4월 중순에 일어난 세월호 침몰 사고에 대한 청와대와 정부의 부실하고 무책임한 대처는 박근혜 정부에 대한 여론의 평가를 분기시킨 계기였다. 세월호 참사는 그 이전까지 50퍼센트가 넘었던 대통령에 대한 긍정적 평가를 50퍼센트를 상회하는 부정적 평가로 역전시켰다.[1]

또한 사건 당일 오전 11시경 '전원 구조' 오보를 내보낸 것을 비롯해 사건을 축소·왜곡하려는 언론의 보도 행태는 이명박 정권 이후 권력에 장악된 언론 현실의 심각함을 대중적으로 인지시키는 계기가 되었다. 그리고 이듬해 발생한 메르스MERS(중동호흡기증후군) 사태에 대한 정부의 부실한 대응까지 더해져서 박근혜 대통령은 파면될 때까지 긍정 평가의 우위를 되찾지 못했다. 세월호 참사와 메르스 사태는 국민 다수가 생명과 재산을 위협받는 국가적 재난이나 위기 상황에서 '정부의 역할은 무엇인가?'라는 의문을 던지게 했다. 촛불을 든 시민들의 '이게 나라냐'는 외침은 국가에 대한 근본적인 질문을 소환했다. 그들은 국가의 존재 이유와 역할, 국가가 지켜야 할 중요한 원칙이 무엇인지 물은 것이다.

뒤에서 자세히 살펴보겠지만, '자유주의의 아버지'로 불리는 존 로크John Locke(1632~1704)는『통치론Two Treatises of Government』
의 두 번째 논문Second Treatise에서 국가의 목적을 다음과 같이 선
언했다.

인간이 국가로 결합하고 스스로를 정부의 지배하에 두는

가장 크고 중요한 목적은 자신의 재산을 보존하는 것이다.[2]

로크에게 재산이란 개인이 가진 생명, 자유, 자산을 모두 포
함한다. 그중에서도 생명이 가장 기본적이고 중요한 것임은 두
말할 필요가 없을 것이다. 그리고 이러한 생각은 민주공화국을
표방하는 근대 국가의 기본 정신이 되었다. 요컨대 우리가 국가
라는 근대적 형태의 정치공동체로 결합하여 살아가는 첫 번째
이유는 우리의 생명, 자유, 자산을 포함하는 재산권을 보호받기
위해서이다. 따라서 국가가 그 역할을 제대로 수행하지 못한다
면 그 국가나 정부에 복종해야 할 이유도 사라진다. 바로 이러한
정신을 토대로 서구의 근대인들은 새로운 국가를 세우고 발전
시켰다.

그들의 생각은 18세기 정치혁명 과정에서 미국과 유럽의

근대적 헌법에 반영되었고 다른 나라로 확산되었다. 우리 헌법에서도 그 유산을 쉽게 찾을 수 있다. 대한민국 헌법 제10조는 '국가는 개인이 가지는 불가침의 기본적 인권을 확인하고 이를 보장할 의무를 진다'고 밝히고 있다. 개인이 가지는 기본적 인권 중에서 '안전하게 살아갈 권리'야말로 그 출발점이다. 또한 제7조 1항은 '공무원은 국민 전체에 대한 봉사자이며, 국민에 대하여 책임을 진다'고 되어 있으며, 제34조 6항은 '국가는 재해를 예방하고 그 위험으로부터 국민을 보호하기 위하여 노력하여야 한다'고 명시하고 있다. 이처럼 우리는 서구의 근대인들이 만들고 발전시킨 정치 질서에서 살고 있다.

2016년 겨울부터 2017년 봄까지 성별, 세대, 지위를 막론한 광범위한 시민들이 시위에 참여하고, 탄핵 찬성 여론이 80퍼센트에 달하게 된 데에는 크게 두 가지 측면이 작용한 것으로 보인다. 가장 직접적인 계기는 국민이 행정부 수반에게 위임한 주권을 최순실이라는 사인私人에게 일부 양도했으며, 그 과정에서 온갖 불법과 특혜가 이루어졌다는 점이다. 다음으로, 박근혜 정부는 세월호 구조 및 인양에 소홀했을 뿐만 아니라 유가족에 대한 위로나 진상 규명에도 소극적으로 대처해 다수 국민의 소중한 생명과 안전을 보장할 책무를 방기했다는 점이다.

결국 '이게 나라냐'고 외치던 촛불 시민들의 구호는 국민이 선거를 통해 대통령에게 위임한 주권을 아무런 공적 지위를 갖지 않은 최순실에게 양도한 것에 대한, 그리고 그렇게 위헌적으로 권한을 양도받은 한 사인에 의해 근대 국가의 근간인 재산권 보호나 공정의 원칙이 무너졌음에 대한 탄식 섞인 문제 제기였다. 국가는 생명, 자유, 자산 등 국민의 기본권을 보호하기 위해 존재하며(존 로크), 국민이 위임한 주권은 분할하거나 양도할 수 없다(장 자크 루소)는 근대 국가의 기본 원칙이 철저히 무시된 것에 대한 반발이었던 것이다. 그러므로 촛불 운동에서 하나로 수렴된 목표는 1987년 6월 민주화 항쟁 이후 완성하지 못한, 오히려 최근 9년 동안 보수 정권이 후퇴시킨 근대적 민주공화국의 정상성을 지향하는 것이었다. 다시 말해 형식적이고 제도적인 차원의 대의민주주의 회복을 목표로 한 것이다.

근대 이후의 모든 국가는 그 고유한 목적을 수행하기 위해 (또는 그것을 명분으로 삼아) 안보와 치안 수단, 소방 및 안전 수단을 독점적으로 전유하고 운영한다. 그런데 이렇게 중앙정부에 권력이 집중될 때 문제가 되는 것은 관료제와 전체주의의 위험이다.

2020년 초부터 우리에게 새로운 위기가 닥쳐왔다. 이 위기는 한국이라는 한 나라에 국한된 것이 아니라 전 세계를 덮친 그야말로 팬데믹pandemic이다. 2019년 말 중국 우한武漢에서 처음 보고되고 지금 우리가 코로나19라고 부르는 새로운 바이러스로 인한 전염병이 전 세계로 확산한 것이다. 전염성이 강하지만 치료제와 백신이 없는 신종 바이러스에 대한 대중적 공포 앞에서 방역과 의료 체계 등 국가의 존재 이유와 역할에 대한 물음이 다시 제기되었다. 사태 초기에 세계 각국의 정부는 미흡한 대처로 확산을 저지하지 못했고, 뒤늦게야 이동 제한이나 봉쇄령lock down 같은 강력한 방역 조치를 취하는 나라가 속출했다. 미국, 영국, 프랑스, 독일, 오스트리아, 오스트레일리아 등에서는 계엄령에 가까운 봉쇄 조치가 내려졌다. 그러자 이에 항의하는 시위도 곳곳에서 벌어졌다. 시민들은 마스크 쓰기를 거부하는 것에서부터 모임이나 이동을 금지하는 조치에 저항하는 등 정부가 개인의 자유를 침해하는 것에 항의했다. 백신 접종이 시작되자 이번에는 접종을 완강하게 거부하는 사람들도 나타났다. 공동체의 안전이라는 '공공의 이익'과 '개인의 자유'라는 두 가지 중

17

요한 가치의 충돌이었다.

코로나19로 인한 팬데믹 상황에서 정부의 역할이 강조되고 있지만 다른 한편에서는 각국 정부가 바이러스 극복을 핑계로 공권력을 강화한다고 경고하는 목소리도 나왔다. 독일 본 대학의 철학과 석좌교수 마르쿠스 가브리엘Markus Gabriel과 일본 도쿄 대학 동양문화연구소의 나카지마 다카히로中島隆博 교수가 대표적이다. 이들은 현재 인류가 테크놀로지의 발전과 함께 '21세기 전체주의'라는 새로운 전체주의에 직면해 있다고 말한다. 전체주의의 주요 특징 중 하나를 공적인 영역과 사적인 영역의 구별 상실로 보는 가브리엘 교수는 질병을 막고 사망자 수를 줄이는 것은 국가의 역할이 아니라고 주장한다. 그는 감염 확산을 억제하기 위한 앱App의 개발과 도입을 예로 들면서 감염이 본격적으로 확산하기 반년 전만 해도 시민들이 상당히 반발했을 정책이 현실화하고 있다고 경고한다. 정보 기술IT을 이용해 시민들의 사적인 영역을 감시하고 통제함으로써 과거 구소련의 스탈린 체제를 염두에 두고 조지 오웰George Orwell(1903~1950)이 소설 『1984』에서 경고했던 '빅브라더'의 세계가 21세기에 본격적으로 등장하고 있다는 것이다. 하지만 그 덕분에 'K-방역'이라는 명성을 얻은 한국의 방역 체계가 성공적으로 작동하고 있다는 사실도 부정할 수는 없다.

2016년 광화문 촛불 시위가 '국가란 무엇이며, 무엇을 해야 하는가?'라는 질문을 던졌다면, 코로나19 위기는 '국가는 공공의 안전을 지키기 위해 개인의 자유를 어디까지 제한할 수 있는가?'라는 근대 국가를 둘러싼 고전적인 질문을 다시 상기시키고 있다. 쉽사리 결론 내릴 수 없는 이 질문을 떠올리며, 이제부터 근대 국가가 형성되어온 과정을 살펴보면서 그 안에 담겨 있는 주요 원리와 쟁점을 짚어보고, 국가라는 특별한 형태의 정치공동체와 민주주의의 미래에 대해 함께 고민해보기로 하자. 서양인들이 발전시킨 근대 정치와 국가의 이념은 한편으로 우리가 열심히 가꾸고 발전시켜야 할 점도 있지만, 다른 한편으로는 근본적인 한계와 딜레마를 내포하고 있다. 서양 중심주의에 대한 비판적 시각을 견지하는 것은 그 한계를 벗어나 새로운 정치공동체의 미래를 모색하기 위한 중요한 출발점이 될 것이다.

차례

Non est potestas Super Terram quæ Comparetur ei. Iob. 41. 24

The frontispiece of the book Leviathan

LEVIATHAN
Or
THE MATTER, FORME
and POWER of A COMMON-
WEALTH ECCLESIASTICALL
and CIVIL.

By THOMAS HOBBES
of MALMESBVRY.

제1부 근대 국가의 발명

POLITICS

01

정치,
함께 더불어 사는 기술

고대 아테네의 민주주의

근본적인 질문으로 시작해보자. 정치 politics란 무엇일까? 독일의 사회학자 막스 베버Max Weber(1864~1920)는 정치를 '국가들 사이에서나 국가 내 집단들 사이에서 권력에 관여하고자 하거나 권력 배분에 영향력을 행사하고자 하는 활동'[1]이라고 정의한 바 있다. 정치학 교과서에서는 캐나다 출신의 미국 정치학자 데이비드 이스턴David Easton(1917~2014)이 제시한 정의에 따라 정치를 '사회를 위한 가치의 권위적 배분 authoritative allocation of values for the society'[2]이라고 가르친다. 이러한 정의는 권력자나 권력 기구(국가) 또는 권력 구조를 중심에 두고 정치를 규정한 것이다. 그래서 정치보다는 통치government의 정의에 가까워 보인다. 그런데 가치의 권위적 배분이 통치행위의 핵심 요소라면, 그러한 권위를 갖는 주체와 질서를 어떻게 구성할지가 중요한 관건이 될 것이다. 정치는 그 권위적 주체와 질서를 어떻게 구성할 것인가라는 지점에서부터 이미 시작된다.

가장 넓은 의미에서 정치란 함께 더불어 사는 기술, 즉 '공존의 기술art of coexistence'이다. 정치는 인간만이 가지고 있는 기술이며, 이 기술 덕분에 인간은 다양한 방식으로 공동체를 이루며 함께 살아갈 수 있다. 물론 함께 모여 사는 능력은 꿀벌, 개미, 유인원 등 군집 생활을 하는 다른 동물들도 모두 갖고 있다. 하지만 개미의 세계에서 여왕개미, 일개미, 병정개미 등에게 주어진 역할과 집단 내에서의 지위는 태어날 때부터 정해진 것이다. 꿀벌의 세계도 마찬가지다. 유인원의 경우 한 마리의 우두머리가 군집 내의 모든 암컷을 차지하고 다른 수컷들 위에 군림한다. 우두머리라는 지위가 선천적으로 정해진 것은 아니지만, 유인원은 그 지위를 차지하고 유지하기 위해 다른 수컷들의 도전에 맞서 싸워 이겨야 한다. 유인원 사회에서는 새로운 강한 개체가 나타나면 우두머리가 교체될 수 있지만, 힘에 기초한 위계적 질서 자체가 바뀌지는 않는다. 하지만 인간은 자신이 속한 공동체의 질서를 새롭게 만들거나 바꿀 수 있다.

인류는 고대부터 다양한 정치적 질서를 만들고 변화시켜왔다. 그중에서 가장 독특한 정치 질서는 우리가 민주주의라고 부르는 형태이다. 민주주의는 흔히 고대 그리스의 아테네에서 이루어진 것을 그 원형으로 한다고 알려져 있다. 아마도 다른 시대, 다른 지역에서도 민주주의라고 부를 만한 정치 질서가 존재했을 수 있다. 하지만 고대 사회에서 가장 체계적인 형태의 민주주의가 구체적인 자료로 남아 있는 것은 아테네가 거의 유일하다. 고대 아테네인들은 다른 전문적인 기술과 달리, 정치라는 기술을 위한 능력은 모든 사람(사실은 성인 남성, 그리고 노예가 아닌 자유인으로 한정되지만)이 동등하게 가지고 태어난다고 생각했다. 이러한 생각은 그들이 '발명'한 민주주의라는 독특한 정치 질서로 나아가는 가장 기본적인 출발점이었다.

고대 아테네의 민주주의는 다음과 같은 생각과 함께 성장했다. 공공의 삶을 어떻게 이끌어나가야 할지를 결정하는 문제들(정치적 사안들)에 관해서 우리 모두가 스스로 충분히 판단할 수 있고, 그래서 누구도 우리의 결정을 임의로 결렬시킬 권한을 가지고 있지 않으며, 장기적으로 보았을 때 누구라도 혼자서는 더 낫고 신뢰할 만한 결정을 내리지 못한다는 것이다. 요컨대 정치라는 영역은 누구도 완벽하게 잘할 수는 없지만 모두가 어느 정도는 할 수 있다는 것이다. 그래서 고대 아테네인들은 한 사람이나 소수의 사람에게 정치를 맡기기보다는 모두가 함께 또는 번갈아가면서 하는 것이 더 낫다고 생각했다.

기원전 6세기 무렵부터 아테네는 솔론의 개혁*을 시작으로, 시민들의 봉기와 클레이스테네스의 개혁**을 거치면서 인민demos에게 권력kratos이 있는 데모크라티아demokratia라는 독특한 정치제도를 발전시켰다. 그리고 페르시아 전쟁과 펠레폰네소스 전쟁 사이, 페리클레스Pericles(기원전 495~기원전 429) 시대에 민주주의가 절정에 이르렀다. 아테네의 황금시대를 연 페리클레스의 연설에서 아테네의 민주주의에 대한 가장 긍정적인 묘사를 찾을 수 있다.

우리의 정체는 이웃 나라의 제도를 모방한 것이 아닙니다. 우리는 남을 모방하기보다 남에게 본보기가 되고 있습니다. 소수가 아니라 다수의 이익을 위해 나라가 통치되기에 우리의 정체를 민주정이라고 부릅니다. 시민들 간의 사적인 분쟁을 해결할 때는 법 앞에 만인이 평등합니다. 그러나 주요 공직 취임에는 개인의 탁월성이 우선시되며, 추첨이 아니라 개인적인 능력이 중요합니다. 마찬가지로 누가 가난이라는 불리한 조건에도 불구하고 도시를 위해 좋은 일을 할 능력이 있다면 가난 때문에 공직에서 배제되는 일도 없습니다.[3]

---

* 솔론Solon(기원전 630?~기원전 560?)은 빚 때문에 노예로 전락하는 농민을 구제하고, 잔혹하기로 악명 높았던 드라콘 법Draconian constitution을 폐지하는 등 민주적 개혁을 단행했다.

** 클레이스테네스Cleisthenes(기원전 570?~기원전 508?)는 모든 시민에게 평등한 참정권을 주고 참주(독재자)의 출현을 막기 위한 도편추방제를 도입했다.

당시 아테네에는 도시국가의 최고 의결 기구인 민회民會, ecclesia가 있었고, 아테네 시민이라면 누구나 참여할 수 있었다. 민주주의를 위협하는 참주僭主의 출현을 막기 위해 도편추방제도 시행했다. 민회에 참여할 수 있는 인원은 5,000명 정도로 제한되었는데 선착순으로 정했다. 하지만 모든 사안을 민회에서 결정할 수는 없는 노릇이어서 민회에 상정될 의제를 협의하는 평의회를 두었다. 시민 500명으로 구성된 평의회 의원은 선거가 아니라 추첨으로 선출했다. 민회의 결정 사항을 집행하는 행정 기구의 행정관은 600명 내외로, 군사와 재정 분야를 제외하고 전원 추첨으로 선출되었으며 평의회의 감시와 통제를 받았다. 전문 능력을 요하는 것으로 여겨진 군 지휘관과 재정 담당 공직자는 투표로 선출했다. 이처럼 고대 아테네의 민주주의는 모든 시민이 동등한 자격으로 '직접' 정치에 참여할 수 있었다.

우리는 여기서 아테네의 민주주의 제도에 대해서 자세히 설명하기보다 아테네인들이 어떻게 민주주의라고 부르는 독특한 정치 질서를 고안해내고 운영했는지 그 단서를 찾아보고자 한다. 소크라테스Socrates(기원전 470?~기원전 399?)가 당대 최고의 소피스트였던 프로타고라스Protagoras(기원전 485?~기원전 410?)를 만나서 행한 논쟁을 기록한 플라톤Platon(기원전 427~기원전 347)의 초기 대화편『프로타고라스』에 당시 아테네인들의 생각을 읽을 수 있는 단서 하나가 있다.

프로타고라스는 소크라테스에게 인간의 기원에 관한 신화를 들려준다. 제우스는 프로메테우스와 에피메테우스* 형제를 불러 모든 동물에게 각각 생존에 필요한 재능을 나누어 주라고 한다. 동생 에피메테우스가 나서서 자기가 그 일을 하겠다고 했고, 각각의 동물에게 생존에 필요한 재능을 나누어 주었다. 이를테면 맹수에게는 강한 이빨과 발톱을, 새에게는 날 수 있는 날개를, 원숭이에게는 나무를 탈 수 있는 능력 같은 것들 말이다. 그런데 재능 보따리에 있는 재능을 모두 나누어 주고 나자 인간에게 줄 것이 남아 있지 않았다. 그것을 알게 된 형 프로메테우스가 널리 알려진 신화에서처럼 불을 훔쳐 인간에게 주었고, 비로소 인간은 생존할 수 있게 된다.

불을 다룰 수 있는 지혜를 얻게 된 인간은 맹수로부터 살아남을 수 있었지만, 이제는 자기들끼리 싸우게 된다. 함께 더불어 살 수 있는 능력이 없었기 때문이다. 이를 본 제우스가 헤르메스를 시켜 인간에게 디케와 아이도스라는 탁월함을 주었으며, 그 결과 인간은 서로를 파괴하지 않고 살아남을 수 있게 되었다.** 이때 헤르메스가 제우스에게 묻는다. "디케와 아이도스를 의술

* 프로메테우스와 에피메테우스는 각각 '먼저 생각하는 사람'과 '나중에 생각하는 사람' 이라는 뜻이다.
** 디케Dike는 '정의감', 아이도스Aidos는 '수치심'으로 번역할 수 있다. 고대 아테네인들이 인간 모두가 지녔다고 생각한 디케와 아이도스는 흥미롭게도 고대 중국에서 맹자가 제시한 사단四端(인간의 본성 안에 있는 도덕성의 네 가지 단초) 중 수오지심羞惡之心과 상당히 유사하다.

처럼 몇몇 인간에게만 줄까요?" 그러자 제우스는 "아니다, 그것
은 인간 모두가 가져야 한다"라고 말한다. 그래서 모든 인간은
사회를 이루는 데 필수적인 능력인 디케와 아이도스라는 탁월
함을 지니게 되었다는 것이다. 이처럼 고대 아테네인들은 정치
라는 것이 의술처럼 특정한 전문가들만 가질 수 있는 기술이 아
니라 인간 모두가 그 능력을 잠재적으로 타고난다고 생각했다.
이것이 바로 그들이 민주주의라는 독특한 정치 질서를 구상할
수 있게 된 정신적 배경이다.

민주주의라는 정치 질서를 현실에 구현할 수 있었던 사회
구조적인 배경도 있었다. 지중해 연안의 해양 제국 아테네는 지
중해상의 섬 150여 개와 도시국가를 거느린 광대한 나라였다.
아테네가 그리스 도시국가들 사이에서 패권을 차지하고 유지
할 수 있었던 것은 페르시아 전쟁(기원전 492~기원전 479년)을 치르
는 동안, 특히 살라미스 해전(기원전 480년)으로 전쟁을 승리로 이
끌면서 그 중요성을 인식하고 발전시킨 막강한 해군력을 통해
서였다. 해전에서 우세를 점하기 위해서는 군함을 건조하는 기
술도 필요했지만, 기동력을 위해서 배 안에서 노를 젓는 병사들
이 가장 중요했다.

아테네 해군의 함대는 배 양편에 삼단으로 노가 배열되어
있는 갤리선 '트리에레스trieres(삼단노선)'로 이루어져 있었다. 기
원전 5세기에 삼단노선 한 척의 전체 승무원은 대략 200명이었

는데, 그중에서 노잡이가 약 170명이나 되었다. 노잡이는 대부분 아테네의 최하층 계급인 테테스tetes가 담당했다. 테테스는 민회에 참석할 수 있었지만 어떤 관직에도 임명될 수 없었다. 그런데 아무리 훌륭한 함선도 기민하고 일사불란하게 노를 젓는 사람들이 없다면 무용지물이었기 때문에, 아테네는 해군력을 유지하기 위해 그들에게 좋은 대우를 해주어야 했다. 해군력 강화와 함께 테테스의 발언권이 커지자 소수의 귀족층에 집중되었던 권력도 자연스럽게 다수의 시민들에게 넘어갔고, 이는 결국 민주주의가 탄생하는 배경이 되었다.

하지만 아테네인들은 여성과 노예를 시민으로 인정하지 않았고, 아테네의 패권은 막강한 해군력을 바탕으로 주변 도시국가를 제국주의적으로 수탈함으로써 유지되었다. 앞으로 살펴보겠지만, 고대 아테네의 민주주의를 계승했다는 근대 민주주의에서도 이와 유사한 문제들이 발견된다.

02

전쟁이 만들어낸
질서

근대 국가의 탄생

●

근대 국가의 본질은 '일정한 영토 내
에서의 정당한 폭력의 독점'이라는 말로 요약된다.[1] 이때 폭력
은 감정이나 증오, 사적 이익이 아니라 사회 질서와 평화, 집단
적 번영과 같은 공동의 목표에 기초한다. 국가의 폭력은 원칙적
으로 국민이 받아들인 절차에 의해 세워진 법률과 그것의 정당
한 적용이 있을 때에만 그 정당성이 인정된다. 더욱 발전된 법치
국가에서는 폭력의 사용이 법률 안에서 구체화하며, 이러한 제
도적 합법성은 국가의 폭력을 제한하는 것을 가능하게 한다. 민
주적인 사회에서 '벌거벗은 폭력'은 법적인 명령으로 대체된
다. 이는 폭력의 폐기가 아니라 그것을 국가가 독점하고 사용하
는 것에 대한 합의의 절차를 확립하는 것이다.

막스 베버는 국가를 '정당한 또는 정당하다고 주장된 폭력 수단에 의한 인간에 대한 인간의 지배'라고 정의했다. 그에 따르면 국가를 다른 정치적 집단과 구분하는 것은 '정당한 물리적 강제를 독점하는 것을 성공적으로 요구'하는 것이다. 그러므로 '국가'라는 집단은 물리적 강제를 사용할 권리의 유일한 원천이라고 그는 주장한다. 베버에게 지속적인 지배의 특징적인 수단은 폭력이며, 그래서 폭력은 궁극적으로 그가 정의한 정치집단의 핵심이다. '정치인의 직업과 소명'에 관한 강연에서 막스 베버는 이같이 정당화된 폭력이 부재한 사회구조 안에서는 '국가라는 개념은 사라질 것이며, 그것은 아나키anarchy(무정부 상태)라고 부르는 것으로 대체될 수밖에 없을 것이다'라고 말했다.[2] 물리적 강제는 국가의 유일한 수단은 아니며 일반적인 수단도 아니지만, 국가의 '고유한' 수단이라는 것이다.

중세 말 이후 유럽에서 근대 국가라는 독특한 통치 조직이 등장한 배경은 무엇이었을까? 중세 후반에 발생한 인구의 격감, 정치적 불안정, 종교적 격변 등 세 가지의 위기는 유럽 사회 전반에 급격한 변화를 일으켰다. 로마 가톨릭교회로 통일되어 있었던 기독교는 내부 분열로 로마와 아비뇽에 각각 교황이 한 명씩 있게 되는 사건까지 발생했다. 신성 로마 제국은 대립 관계에 있던 교황으로부터 추인을 받지 못해 황제 자리가 공석이 된 대공위시대Great Interregnum(1254~1273년) 이후에 쇠퇴하기 시작했으며, 정치적 분열 속에서 여러 왕국이 부상했다. 게다가 1315~1317년의 대기근에 이어 1348년에 흑사병이 전 유럽으로 확산되자 인구가 절반 이상 감소했으며, 연속되는 재난은 사회 불안과 빈번한 폭동을 야기했다. 빈곤과 높은 세금에 대한 불만으로 농민들이 자주 반란을 일으켰는데, 백년전쟁(1337~1453년)이 벌어지는 중에 프랑스에서 일어난 자크리의 난Grande Jacquerie(1358년)과 잉글랜드에서 일어난 와트 타일러의 난Wat Tyler's Rebellion(1381년)이 대표적이다. 중세 후반 유럽에서는 장미전쟁(1455~1485년)과 같은 귀족들 간의 내전, 백년전쟁과 같은 국제전 등 크고 작은 전쟁이 끊이지 않았다.

근대 국가가 등장하게 된 가장 중요한 배경은 이렇게 분열된 정치집단 간의 치열한 경쟁과 그것의 극단적 형태인 전쟁이었다. 정치집단의 경쟁이 격화되고 전쟁이 빈발해지면서 내부적으로 힘의 결집을 도모할 필요성이 커졌던 것이다. 중세 말기인 14세기의 유럽에는 대략 1,000개의 정치 단위가 난립하고 있었다. 16세기에도 어느 정도 자주권을 가진 정치집단의 수가 500여 개나 되었다. 이렇듯 중세 말부터 근대 이전까지의 유럽은 수백 개의 정치 단위가 서로 치열한 경쟁을 벌이는 상황이었다. 이러한 경쟁은 빈번한 전쟁으로 나타났다. 1550년부터 1650년까지 규모가 큰 열두어 개의 나라는 평균 3분의 2 이상의 기간 동안 전쟁을 벌였다. 1500년부터 1799년까지 유럽 국가가 외국의 적과 전투를 벌인 기간은 스페인이 81퍼센트, 영국이 53퍼센트, 프랑스가 52퍼센트에 달했다.[3] 빈번한 전쟁은 군사력 증강의 필요성을 불러왔고, 이는 권력의 집중화와 전쟁 비용을 충당하기 위한 경제력의 추구로 이어졌다.

근대 국가가 등장하기 전 유럽의 지배적인 정치 질서는 봉건제feudalism라고 불리는 체제였다. 봉건제는 영주에 대한 봉신封臣의 충성 서약과 영주가 봉신에게 수여하는 은대지恩貸地가 핵심인 제도이다. 충성 서약을 통해 봉신은 영주에게 복종과 지원의 의무를 졌고, 영주는 그 대가로 봉신이 경제적으로 자립할 수 있는 토지와 그 토지에 속한 주민을 지배할 권리를 주었다. 봉신은 자신이 받은 토지의 일부를 다시 자신의 하급자에게 수여하고 영주와 같은 권한을 누릴 수 있었다. 상당히 위계적인 권력 구조로 보이지만 실제로는 그렇지 않았는데, 시간이 흐르면서 상급자에 대한 하급자의 독립성이 꾸준히 높아졌기 때문이다. 따라서 봉건제는 권력이 극단적으로 분산된 통치 형태를 띨 수밖에 없었다.

중세 유럽의 전쟁은 주로 중무장한 기마병이 중심이 되어, 비교적 소규모로 짧은 기간 동안 전투를 벌이는 방식이었다. 소수의 영주와 기사들만 값비싼 갑옷과 무기, 전투용 말을 갖출 수 있었기 때문에 전쟁에서 그들의 적극적인 참여가 필수적이었다. 그래서 그들은 독립적인 권력을 유지할 수 있었고, 국왕도 그들에게 함부로 권력을 휘두를 수 없었다.

이러한 중세의 전쟁 방식은 14~15세기에 치러진 영국과 프랑스의 백년전쟁 기간에 '군사혁명'이라 불리는 새로운 군사 기술이 등장하면서 바뀌게 된다. 우선 먼 거리를 날아가 기사들의 철갑을 꿰뚫을 수 있는 장궁과 석궁의 도입은 기마병의 전술적 우위를 잠식해나갔다. 영국의 양궁 부대는 백년전쟁 초기에 프랑스에 대한 우세를 확보하는 데 크게 기여했다. 그러나 그보다 더 결정적인 배경은 화약 무기의 등장이었다. 12세기 중국 송나라에서 처음 전쟁에 사용된 화약 무기는 13세기에 몽골 제국이 서아시아를 정벌하는 과정에서 이슬람 세계에 알려졌고, 이후 유럽으로 전해졌다. 프랑스의 화약 무기는 잔 다르크Jeanne d'Arc(1412~1431)가 활약한 백년전쟁의 막바지에 영국의 양궁 부대를 격파하고 전세를 뒤집는 데 결정적인 역할을 했다. 이러한 신무기의 등장은 기마병을 이끄는 봉건 기사의 지위를 약화시키고, 국왕과 제후(대영주)에게 권력이 집중되는 결과를 가져왔다. 소수의 기마병이 아니라 대규모의 궁수, 포병, 보병을 유지하려면 엄청난 재원이 필요했으며, 소수의 국왕과 제후만 그 비용을 조달할 수 있었던 것이다.

계속되는 갈등과 분쟁의 와중에 유럽 국가들은 군사력을 키우는 데 모든 관심과 역량을 집중시켜야 했다. 군사력을 키운다는 것은 어떻게 더 많은 자원을 체계적으로 동원하여 효율적

전쟁이 만들어낸 질서

으로 사용하느냐에 달려 있다. 구체적으로는 더 많은 사람들을 징병하고, 더 많은 세금을 징수하며, 더 많은 물자를 징발할 필요가 있다. 그리고 그렇게 징발한 인적·물적 자원을 조직적이고 체계적으로 관리하고 배분할 수 있어야 한다. 권력의 집중은 국가의 자원 동원에 걸림돌이 되는 사회세력의 저항을 억제하고, 동원된 자원을 효율적으로 이용하기에 유리하다.

권력의 집중화와 함께 도입된 상비군, 조세 제도, 관료제 등은 모두 이러한 목적을 달성하는 과정에서 발전시킨 근대 국가의 특징적인 제도이다. 이것들은 결국 전쟁을 효율적으로 수행하기 위한 것이었다. 즉 상비군 제도를 통해 더 많은 수의 병사를 더 잘 훈련된 군대로 조직할 수 있었다. 필요한 경우에 특정 신분에만 부과하던 세금을 전 국민으로 확대하고 상설화하는 방향으로 조세 제도를 개혁함으로써 더 많은 재정 수입을 안정적으로 조달할 수 있게 되었다. 또한 세습되는 귀족이 아니라 전문 지식을 갖춘 관료를 충원함으로써 정부 운영의 효율성을 높였다. 이제 유럽의 국가들은 중세 말기와 같은 작은 단위의 정치 집단이 아니라 점차 민족 단위로 통합되는 국가의 형태를 갖추게 되었다.

근대 국가는 근대의 시장경제와 서로 도움을 주고받으며 함께 성장했다. 중앙집권적인 군주국가가 태동하면서 국민국가nation-state라고 부르는 정치 단위가 등장했는데, 이는 왕실에서 특정 산업을 후원하거나 여러 위성 산업을 거느린 군대를 적극적으로 양성하게 되었음을 의미한다. 예를 들어 국민국가는 자국의 영토 내에서 도로를 정비하고 여러 법규와 도량형, 화폐를 공통으로 사용할 수 있도록 통일함으로써 원활한 상거래를 위한 기반을 마련했다. 바스코 다 가마Vasco da Gama(1469~1524)의 인도 항로 개척이나 크리스토퍼 콜럼버스Christopher Columbus(1451~1506)의 대서양 횡단 항해 등은 왕실의 전폭적인 지원으로 이루어졌으며, 15세기 말에서 16세기 초에 정점을 찍은 대항해 시대는 신흥 자본가들에게 해외 시장(식민지)을 안겨주었다.*

역으로 시장경제 영역에서 발전시킨 금융 시스템은 국가의 재정 운영에 결정적인 도움을 주었다. 스페인과 포르투갈을 밀어내고 네덜란드와 영국이 유럽의 신흥 강국으로 떠오르게 된 배경에는 이들 나라의 상공인이 먼저 개발한 새로운 금융 시스템이 있었다. 예컨대 영국은 1694년에 중앙은행을 창설하여 국채 발행을 통해 전쟁 자금을 조달할 수 있었고, 그러한 재정을 바탕으로 중상주의 시대의 무력 대결에서 최종 승자가 되었다.

근대 국가가 형성되는 과정에서 함께 발전한 가장 핵심적

---

* 다른 한편으로 국왕과 대영주들은 군사력의 우위를 확보하기 위해 무기 개발 및 개선에 아낌없이 투자했다. 이른바 '과학혁명'의 배경이 되는 천문학과 역학 연구에 대한 권력자들의 지원도 항해술, 지도 제작, 군사 무기 개발 등을 통한 경쟁력 확보라는 실용적 동기가 깔려 있었다.

인 개념이 주권sovereignty이다. 주권이란 '정해진 영토 내에서 국가가 보유하는 최상의 권위'라고 정의된다. 부연하자면, 법을 제정하거나 정책을 수립하여 일정한 영토 내에 거주하는 모든 이들에게 그에 대한 복종을 명령할 수 있는 국가의 최종적인 권한을 의미한다. 따라서 영토 내의 어떤 개인이나 사회집단도 그에 도전할 수 없으며, 영토 밖의 어떤 개인이나 집단도 영토 내에서 행사되는 주권을 침해하거나 간섭할 수 없다. 유럽의 근대 국가들은 서로 치열하게 각축하는 과정에서 주권의 상호 인정이라는 공존의 규범을 만들어나가기 시작했다.

주권이라는 개념을 처음으로 정식화한 사람은 프랑스의 정치사상가 장 보댕Jean Bodin(1530~1596)이다. 그는 로마 가톨릭 세력과 신교도 간의 피비린내 나는 프랑스 내전 와중에서 국가만이 질서의 수호자이고, 국가는 주권이 존재하는 경우에만 성립한다고 보았다. 그는 국가란 '다수의 가족과 그들의 공유물로 이루어진, 주권에 의한 정당한 통치'라고 정의했다. 그리고 그때의 주권은 그것을 행사하는 데 신민臣民의 동의를 필요로 하지 않는 것으로서 국가의 최고 권력이자 영속적·단일적·초법적 권력이다. 그에 따르면 주권은 군주에게 속하며, 주권자는 주권의 구체적인 징표로서 입법, 선전강화宣戰講和, 공직 임명, 재판, 사면, 화폐, 도량형, 과세의 여덟 권리를 가진다. 보댕의 주권론은 영국이 대헌장Magna Carta(1215년)의 정신에 따라 군주의 권력을 제한하고 실질적 입법권을 의회에 양도하여 입헌주의적이고 분권적인 통치 체제로 나아가고 있던 것과 달리, 지방 세력 및 귀족의 권력 분점에 따른 오랜 혼란과 분열, 내전에 시달리던 프랑스에 요구되는 중앙집권적이고 절대주의적인 통치 체제 구축에 이론적 기초를 제공했다.

보댕의 주권론이 주로 한 국가의 대내적 필요를 반영하고 있다는 한계는 있지만, 그가 주권 개념을 공론화했다는 것 자체에 중요한 의미가 있다. 한 국가 내에서 인정된 최상의 권위인 주권이 온전히 행사되려면 다른 국가가 그것을 인정해주어야 하기 때문이다. 신교와 구교의 종교 갈등을 배경으로 유럽 각국이 벌인 대규모의 국제전이었던 30년 전쟁(1618~1648년)이 끝나고 체결된 베스트팔렌 조약(1648년)에서 주권의 대외적인 인정, 즉 '내정 불간섭'의 원칙이 초보적인 형태로 공식화되었다. 베스트팔렌 조약으로 신성 로마 제국은 사실상 붕괴되었으며, 이로부터 주권 개념에 기초한 근대적 국제 질서가 탄생했다.

제2차 세계대전이 끝난 후 아시아와 아프리카의 수많은 국가가 서구 열강의 식민 지배로부터 독립함으로써 주권 개념에 기초한 국제 질서가 전 세계로 확대되었다. 하지만 주권의 상호 인정이라는 근대적 국제 질서의 원칙은 잘 지켜지지 않았다. 강대국끼리는 어느 정도 원칙을 지켰지만 상대적으로 약한 국가에 대해서는 자국민 보호나 평화 유지, 인권 등과 같은 명분을 내세워 내정을 간섭하거나 주권을 침탈하는 일이 잦았다. 오늘날까지도 국제 질서는 여전히 규범보다 현실주의적인 '힘의 논리'가 강력하게 작동하고 있다.

제 1 부 근대 국가의 발명

03

왕의 권력은
신이 준 것이다

절대왕정과 왕권신수설

고대 이래로 대부분의 큰 국가는 군사적 정복에 의해 세워졌다. 중앙집권화된 정치제도는 군사적으로는 정복당했지만 여전히 적대적인 피지배자를 통치하기 위한 필요에서 출현했다는 것이 일반적인 견해이다. 막스 베버의 역사사회학 정식에 따르면 정치 지도자들은 일반적으로 정당하지 않은 폭력에 의존하여 권력을 획득한다. 그러나 무력은 매우 효과적인 권력의 형태이지만 비용이 많이 든다. 무력은 그 도구들과 예속된 사람들을 감시하기 위한 수단에 상당한 투자를 해야 한다. 게다가 강제적인 규칙으로 일정 기간 동안 억누를 수 있으나 증대되는 피지배자들의 적대감은 결과를 알 수 없는 새로운 폭력적인 반발을 가져온다는 것을 우리는 역사를 통해 잘 알고 있다.

정당성이 없는 권력은 비효율적이고 예측 불가능하며, 안
정적인 지배를 보장받을 수 없다. 폭력에 기초한 지배는 지속될
수 없으며, 따라서 국가의 폭력은 인민에게 정당한 것으로 인식
되어야 한다. 이는 근대 정치사상가의 통찰에서도 잘 발견된다.
한 예로 장 자크 루소Jean-Jacques Rousseau(1712~1778)는 『사회계약
론』에서 '누구도 항상 가장 강할 만큼 충분히 강하지 않으며 가
장 강한 인간도 무력을 권리로, 복종을 의무로 바꾸지 않는 한
결코 항상 주인이 될 만큼 충분히 강하지 않다'[1] 라고 썼다.

그래서 모든 권력은 스스로 정당하다고 주장한다. 다시 말
해 권력은 자신의 정당성을 확보하기 위해 전념한다. 베버는
『경제와 사회』 제3장의 유명한 단락에서 '모든 지배는 자신의
정당성에 대한 믿음을 불러일으키고 유지하고자 한다'[2]라고 단
언했다. 처음에는, 그렇지 않으면 대체로 무력과 위협에 기초한
자신의 권력을 유지하기 위해 정치 지도자는 지속적인 정당화
를 꾀한다. 그러한 정당화를 위해 지배자는 기존의 사회 질서가
정당하다는 믿음을 피지배자들이 공유하고, 그들이 그 질서에
복종하는 것을 선호하도록 만드는 것이 좋다(다만 꼭 그래야 하는 것
은 아니다). 그래서 최악의 독재자는 자신의 폭력이 합당한 것이라
고 정당화하기 위해, 최소한 폭력성을 은폐하기 위해 정치 선전
propaganda을 이용한다. 이러한 시도가 성공하면 피지배자들은

'자발적으로' 복종하게 된다. 다시 말해 지배 시스템의 정당성에 대한 믿음이 피지배자들에게 내면화되며, 그 결과 지배관계는 더욱 안정적으로 유지될 수 있다.

앞서 언급했듯이 베버는 국가를 '정당한 또는 정당하다고 주장된 폭력 수단에 의한 인간에 대한 인간의 지배'라고 정의했다.(제2장 참조) 물리적 폭력은 국가의 특별한 수단이지만, 여기서 폭력은 '정당한'(정확하게 말하면 '정당하다고 인정된') 또는 '정당하다고 주장된' 폭력이라는 점이 중요하다. 정당성을 인정받지 못한 폭력에 의존하는 권력은 비효율적이고 예측 불가능하므로 안정적인 지배를 보장받을 수 없다. 따라서 자신의 정당성을 인정받고 싶어 하는 모든 정치권력은 국가의 폭력조차 인민에게 정당한 것으로 인식되도록 해야 한다. 그래서 베버는 '모든 지배는 자신의 정당성에 대한 믿음을 불러일으키고 유지하고자 한다'라고 썼다. 문제는 정치권력이 어떤 방식으로, 어떤 수단을 통해 다수의 승인과 복종을 이끌어내느냐는 것이다. 즉 정치적 지배를 어떤 논리로 정당화legitimation할 것인가?* 이것이 핵심이다.

정치권력의 정당성 문제는 서양에서 정치적 사유가 시작된 이래로 가장 주된 질문 중 하나였고, 그만큼 다양한 답변이 제시되어왔다. 고대 그리스의 아리스토텔레스Aristoteles(기원전 384~

---

* 여기서 정당화란 '강제적인 권력의 존재를 감내할 수 있거나 원하도록 만드는, 즉 사회적으로 불가피한 것 또는 유익한 것으로 여기도록 하는 과정 전체'를 의미한다.

기원전 322)는 동물과 자연의 모든 것에 위계가 있는 것처럼 인간 사이에도 자연이 준 위계가 있다고 주장했다. 다만 동물은 보통 힘이 센 개체가 우두머리가 되지만, 인간의 정점에는 이성적 사유 능력이 남달리 뛰어난 자들이 위치한다. 근대 이전까지 동서양을 막론하고 가장 일반적인 정치 질서는 한 사람이 통치하는 군주정과 철저하게 위계적인 신분제였다. 신분적 위계의 정점에 있는 군주의 권력은 주로 종교적 세계관을 통해 정당화되었다. 예컨대 왕의 권력은 신으로부터 부여받은 것이므로 신성하며, 누구도 그것을 침해할 수 없다는 것이다. 왕권신수설이라고 불리는 이러한 정당화 논리는 16~17세기 유럽 절대왕정의 든든한 이론적 토대였다.

중세 말 유럽은 소수의 성직자와 귀족이 특권을 가지고 가톨릭교회가 지배하는 철저한 신분 사회였다. 구체제 프랑스의 경우 전체 인구의 2퍼센트에 불과한 성직자(제1신분)와 귀족(제2신분)이 전체 토지의 약 30퍼센트를 소유하고 관직을 독점했으며 세금 면제 혜택도 받았다. 반면에 전 인구의 98퍼센트를 차지하는 상공인, 농민, 노동자 등 제3신분은 혜택은커녕 과도한 세금을 부담해야 했다. 프랑스의 농민은 농노 신분에서 해방되어 자영농화가 되어가고 있었지만, 영주가 행사할 수 있는 권리는 여전히 강하게 남아서 현물 지대 외에도 여러 가지 신분상의 의무를 강요당하고 있었다. 그들 중 대부분은 관습적으로 경작권을 인정받고 있었을 뿐, 토지를 상속하거나 양도하려면 많은 허가료를 지불해야 했다. 영주는 농민에게 반강제로 수차水車나 빵 굽는 화덕 등을 사용하게 하고 그 사용료를 징수하기도 했다. 농민들은 도로세, 교량세, 운반 부역 등을 부담해야 했으며 교회에도 십일조의 '세금'을 내야 했다.

중세 말 구체제의 사회상은 종교전쟁을 비롯한 수많은 분쟁 때문에 정치적·사회적 혼란이 극도에 달했으며, 각국 국민들의 삶은 도탄에 빠져 형언할 수 없었다. 사람들은 질서 회복과 평화의 재건을 갈망했으며, 특히 신흥 부르주아 계층(상공인, 은행가 등)에는 끊임없는 전쟁으로 망가진 경제의 회복이 절실했다. 그래서 이런 소망을 실현해줄 강력한 군주의 출현을 간절히 원했다.

16세기 유럽의 종교개혁은 구교와 신교의 종교전쟁으로 이어졌는데, 그 과정에서 최종적으로 승리한 세력은 구교나 신교가 아니라 유럽 각국의 군주였다. 전쟁과 농민 반란이 도처에서 일어나 치안이 불안정해지자 강력한 중앙집권적 국가의 필요성이 대두되었고, 이런 맥락에서 절대왕정이 등장한 것이다. 유럽의 군주들은 경쟁적으로 상비군을 증강하여 국내의 반란을 진압하며 대외 전쟁을 수행했다. 경제적으로는 중상주의를 통해 자국 산업을 진흥하기 위한 보호무역정책을 펼치며 국부를 증대시켰다. 그런데 그 체제를 유지하기 위해서는 국왕의 절대 권력을 정당화할 이데올로기가 필요했다. 그 필요에 의해 등

왕의 권력은 신이 준 것이다

장한 것이 왕권신수설이다.

왕권신수설은 교황의 종교적 권위나 중세의 도덕적 제약에서 벗어나 군주권이 부분적으로나마 스스로의 존립 근거를 찾으려 한 데서 성립된 사상이다. 그것은 군주가 갖고 있는 세속적 권력을 신격화함으로써 대외적으로는 교황과 대립하고, 대내적으로는 분산되어 있던 권력을 국왕 중심으로 일원화하기 위한 정치 학설로 등장했다. 각국의 왕은 강대한 국가를 세우기 위한 '통일'을 목표로 왕권신수설을 이용했는데, 그 이유 중 하나는 교황 중심의 구교 세력과 종교개혁 이후 제네바를 중심으로 확장하고 있던 신교 세력의 외적 영향력을 배제하기 위해서였고, 다른 한편으로는 신흥 부르주아 세력의 반항을 억누르기 위해서였다. 다시 말해 왕권신수설은 교황의 통제로부터 벗어나 독자적인 군주권을 확립하기 위한 논리이자 신흥 세력이 주도하는 내부적 견제(영국의 경우 의회 세력)를 억압하기 위한 논리였다.

종교적 갈등과 혼란에도 불구하고 여전히 종교는 국왕에서 평민에 이르기까지 모든 사회적 삶을 주관하는 중추적 세계관이었다. 또한 당시는 이성보다 신앙이 우위에 있었으므로 사람은 하루도 종교적 질서에서 벗어나 존재할 수 없었다. 절대군주는 이와 같은 종교적 요소를 이용했다. 그 결과 왕권신수설은 세속 권력을 종교적 질서로부터 독립시키고자 하면서도 여전히 신적 세계관에 의존하는 과도기적 형태를 보인다.

왕권신수설을 비교적 체계적인 이론으로 처음 제시한 사람은 스코틀랜드와 잉글랜드의 공동 국왕 제임스 1세James I(재위 1603~1625년)였다. 그의 왕권신수설은 자신이 쓴 『자유 왕국의 진정한 법』과 『왕의 자질』에서 제시되었다. 그리고 그가 1610년 의회에서 행한 연설에 그 핵심 사상이 담겨 있다. '왕은 지상에서 신의 대리인이며, 신의 자리에 앉아 있을 뿐 아니라 신에 의해서도 그들은 신이라 불린다.' 제임스 1세의 왕권신수설은 청교도 혁명 당시 왕당파로 활약한 로버트 필머Robert Filmer(1588~1653), 프랑스 절대왕정의 상징인 루이 14세Louis XIV(재위 1643~1715년)의 절대주의 이론가 자크 베니뉴 보쉬에Jacques-Bénigne Bossuet(1627~1704)로 이어진다.

로버트 필머의 왕권신수설은 『가부장론, 또는 왕들의 자연적 권력Patriarcha, or the Natural Power of Kings』에 잘 표현되어 있다. 이 책은 필머가 청교도혁명 발발(1642년) 이전에 완성한 것이 거의 분명하지만 그가 사망한 지 한참 지난 1680년에 출판되었다. 이 책은 다음과 같은 논리를 담고 있다.

'태초에 신이 아담을 모든 인류의 아버지로 삼고 부권을 부여했듯이, 오늘날 인민의 아버지는 국왕이다. 따라서 국왕은 절대적인 부권을 가지고 있으므로 모든 신민은 국왕에게 복종해야 한다.'

자크 베니뉴 보쉬에는 그의 설교에 감명을 받은 루이 14세의 모후 안 도트리슈의 배려로 왕실과 연을 맺고 황태자의 가정 교사가 되었다. 보쉬에에 따르면 이 세상의 참된 왕은 신이다. 그 신은 지상에 자신의 대리자를 보냈는데, 그가 바로 국왕이다. 따라서 국왕의 권력은 신성하며, 국왕을 거스르는 것은 신을 모독하는 것이다. 1709년에 출간된 그의 저서 『성서로부터 도출한 정치학La Politique tirée des propres paroles de l'Écriture sainte』에서는 성서에 기초하여 왕권의 특성을 다음과 같이 규정했다.

'첫째, 왕권은 신성하다. 왕의 권력은 신에게서 왔으므로 그를 공격하는 것은 신성모독이다. 둘째, 왕권은 가부장적이다. 아버지가 가정의 우두머리이듯 왕은 국가의 아버지이다. 셋째, 왕권은 절대적이다. 왕은 자신의 행동에 대해 누구에게도 설명할 필요가 없다. 넷째, 왕권은 합리적이다. 왕의 말은 최고의 이성과 지성을 소유한 신의 말씀이기에 합리적일 수밖에 없다.'

보쉬에의 영향을 받은 태양왕 루이 14세는 동일한 맥락에서 '모든 신민이 왕에게 무조건 복종하는 것만이 신이 원하는 바이다'라는 말을 남겼다.

이처럼 군주의 권력은 본질적으로 신앙과 같이 신성한 것으로 인정되어야 하며, 이성적으로 따질 수 없다는 것이 왕권신수설의 핵심이다. 군주에 대한 복종은 정치적 필요 이전에 종교적 의무로서 요구되는 것이었다. 근대 국가 초기의 정치권력은 이와 같이 종교적 세계관에 의해 정당화되었다.

제1부 근대 국가의 발명

04

우리는 왜
권력에 복종하는가

사회계약론과 근대적 권력 정당화 논리

잉글랜드와 프랑스의 군주들이 가톨
릭교회의 지배에서 벗어나 절대왕정을 추구해가던 시기에 이
루어진 자연과학의 급속한 발전은 유럽인들의 시각을 서서히
신神 중심에서 인간 중심으로 옮겨놓았다. 코페르니쿠스에서
시작하여 갈릴레이와 뉴턴으로 이어진 천문학과 역학의 발전,
그리고 데카르트와 베이컨 같은 철학자들의 새로운 인식론은
감히 인간이 이해할 수 없는 신의 섭리로 여겨졌던 자연의 질서
를 인간의 이성으로 이해할 수 있으며, 심지어 자연을 인간에게
유익한 방향으로 활용하거나 변형 또는 조작할 수 있다고 생각
하게 만들었다. 그런데 만일 인간이 자연법칙을 이해할 수 있다
면, 정치 질서와 사회 질서 등과 같은 인간의 질서 역시 신의 섭

리로 대변되는 종교적 세계관에 의존할 필요가 없어진다. 그리고 자연법칙을 인간에게 유용하도록 활용하거나 변형할 수 있다면, 인간의 질서야말로 인간에게 유용한 형태로 인위적으로 변화시키는 것이 가능하다는 생각으로 이어진다. 이러한 생각을 바탕으로 계몽사상이 등장했다.

계몽啓蒙이란 영어로 '인라이튼먼트enlightenment', 프랑스어로 '뤼미에르Lumières'를 번역한 것이다. 영어 'enlighten'은 '밝게 만든다'는 말에서 '일깨운다'는 의미로 파생되었다. 프랑스어 'lumière'는 일상적으로 사용하는 '빛'이라는 말인데, 이것을 대문자로 쓰고 복수로 만들어 '엄청난 빛'을 뜻하게 했다. 이 빛은 몽매주의obscurantism에 빠져 있는 세상을 밝히는 인간 이성의 빛이다.* 계몽사상가들은 인간이 이성의 힘으로 세상의 이치를 파악할 수 있으며, 그에 부합하는 방향으로 사회를 진보시킬 수 있다고 믿었다. 이러한 흐름과 함께 왕권신수설이라는 비합리적 이론을 의심하는 지식인들이 등장했으며, 국왕의 무절제한 전제정치는 정치혁명을 촉발하는 계기로 작용하게 되었다.

왕권신수설을 극복하고 근대적인 정치권력의 정당성의 토대를 세우고자 한 대표적인 정치사상가가 바로 사회계약론으로

---

* 그러나 계몽사상이 추구한 세속성laïcité(정교 분리 원칙)이 종교적 사고를 멈추게 한 건 아니었다. 다만 교양 있는 사람들 사이에서 종교에 대한 관심을 삶의 주변부로 밀어냈을 뿐이다.

유명한 토머스 홉스Thomas Hobbes(1588~1679), 존 로크, 장 자크 루소이다. 이들은 정치적 위계와 질서를 자연적이거나 신의 섭리에 의한 것으로 설명한 이전 사상가들과 달리, 인간의 합리성에 대한 확신에 기초하여 정치권력을 정당화하는 새로운 원칙을 세우고자 했다. 자주 인용되는 『사회계약론Du Contrat Social』의 첫 구절에서 루소는 자신의 문제의식을 다음과 같이 기술했다.

> 인간은 자유롭게 태어나지만 도처에서 쇠사슬에 묶여 있다. 자신이 다른 사람들의 주인이라고 믿고 있지만, 사실은 그 사람들 이상으로 노예인 것이다. 어떻게 이런 변화가 생겼을까? 나는 그것을 알지 못한다. 무엇이 그것을 정당화할 수 있을까? 나는 이 문제를 풀 수 있다고 믿는다.
>
> -『사회계약론』 제1권 1장

근대 사회계약론자들이 풀고자 한 것은 이른바 '개인과 공동체의 딜레마' 또는 '개인의 자유와 공동체적 질서의 딜레마'라고 불리는 문제라고 할 수 있다. 근대에 들어 인간을 태어날 때부터 자유롭고 평등한 권리를 갖는 독립적인 개인으로 바라보기 시작하면서 '공동체의 결속coherence과 질서 유지는 어떻게 가능한가?'라는 물음이 제기되었다. 근대인들에게 개인의 기본권과 공동체의 이익(공공선)은 모두 포기할 수 없는 소중한 가치이다. 그러나 양자는 서로 충돌할 수밖에 없다. 개인의 자유가 무제한으로 허용되면 공동체의 질서나 사회 통합 같은 공동체적 가치가 무너지고, 공동체의 이익을 지나치게 강조하다 보면 개인의 자유가 침해될 수밖에 없다. 자연 상태에서 무제한적인 자유를 누리던 개인들이 왜 정치공동체로 결합하고 그 위계를 받아들이는 것일까? 필연적으로 위계적일 수밖에 없는 정치 질서를 어떻게 하면 개개인의 자유와 양립시킬 수 있을까?

사회계약론자들은 위계적인 정치공동체의 기원을 '사회적 결정'이라는 가상의 협약에서 찾았다. 그것을 통해서 인간들이 결합하여 일정한 필요를 만족시키기 위해 정부를 구성했다는 것이다. 여기서 그들의 관심이 정치공동체의 '역사적' 기원이 아니라 '논리적' 기원이라는 점을 이해하는 것이 중요하다. 앞의 인용문에서 루소는 자유롭게 태어난 인간이 어떻게 노예가 되었는지, 즉 정치공동체의 역사적 기원에 대해서 '나는 그것을 알지 못한다'고 말한다. 루소뿐만 아니라 그 이전의 사회계약론자들도 역사적 사실에 근거하여 국가의 기원을 추적하고자 한 것이 아니다. 그보다는 일종의 '사고 실험thought experiment'을 통해서 현존하는 정치공동체를 사후적으로 정당하게 만들기 위한 이론을 구상한 것이다. 요컨대 그들은 초역사적이고 이론적인 차원에서 어느 시대에나 적용할 수 있는 정치권력의 정당화 논리를 개발한 것이다(루소는 '이 문제를 풀 수 있다고 믿는다'라고 말한다).

　이처럼 사회계약론자들은 '왜 복종하는가?'라는 정치철학의 근본 문제에 대해서 정치적 위계와 복종 자체를 문제시하기보다는 그것을 합리적으로 설명할 수 있는 '정당한legitimate' 정치 질서를 고안하는 것으로 응답하고자 했다. 그 결과 그들의 이론에는 명시적으로 또는 암묵적으로 정치권력을 '정당화'하는 일정한 근대적 원칙들이 담겨 있다. 이어지는 세 개의 장(제5~7장)에서는 홉스, 로크, 루소의 사회계약론에 담겨 있는 근대적 형태의 정당화 논리를 세 가지 유형으로 나누어 재구성해보고자 한다. 그것은 각각 치안 논리, 공동 이익과 자발적 동의의 논리, 민주적 참여의 논리라고 명명할 수 있다.

　세 가지의 정당화 논리를 미리 간단하게 요약하자면 다음과 같다. 우선 치안 논리는 무질서와 혼란을 견디는 것보다 권력에 복종하는 것이 낫다는 것이다. 우리는 각자의 안전과 안정적인 삶을 보장받기 위해 권력을 필요로 하기 때문이다. 다음으로 자발적 동의의 논리는 자신의 기본권과 공동의 이익을 수호하기 위해 자발적으로 동의한 권력에 복종하는 것은 자신의 자유를 침해하는 것이 아니라는 생각이다. 마지막으로 민주적 참여의 논리는 내가 참여하여 형성한 '일반의지volonté générale'에 따르는 것은 나의 의지를 따르는 것이며, 그러므로 나는 여전히 자유롭다는 관점이다. 단, 이때의 자유는 자연 상태에서의 동물적 자유가 아니라 인간적으로 고양된 도덕적이고 정치적인 자유이다. 도식적으로 구분하자면 홉스는 치안 논리를, 로크는 공동 이익과 자발적 동의의 논리를, 루소는 민주적 참여의 논리를 대표한다고 할 수 있다. 하지만 치안 논리, 공동 이익과 자발적 동의의 논리는 이들 근대 정치사상가 모두가 공유하는 논리이다. 다만 민주적 참여의 논리만큼은 공화주의의 토대를 닦은 루소에게 고유한 것이다.

자연 상태와 정당한 권력 개념에 관한 여러 차이에도 불구하고 홉스와 로크, 루소는 정치적 권위에 대한 복종과 개인적 자유의 부분적인 제한은 사람들이 무질서보다는 공동체적 질서 확립을 원하는 만큼 정당하다는 생각을 공유한다. 그들은 또한 정치 질서가 공동의 이익에 부합하고 자발적인 동의에 기초한 것이라면 그 정치 질서는 정당한 형태에 속한다는 생각도 공유한다. 루소는 여기서 한 발 더 나아가 '일반의지'라는 개념을 가져와 개인의 의지와 공동체의 의지를 일체화함으로써 정치권력의 정당화 논리에 민주적 참여라는 항목을 추가했다. 정치사상사의 관점에서 개별 사상가의 이론은 자기 이전의 사회계약론을 비판하면서 발전시킨 것이지만, 정치 이론의 관점에서는 세 가지 유형의 정당화 논리에 대해서 선형적이거나 누적적으로 후자의 논리가 더 발전된 형태라고 평가할 근거는 없다. 각각의 정치권력 정당화 논리는 우열을 따질 수 없는 독자적인 유효성을 가진다.

사회계약론은 정치권력이 집단의 안전을 보장하고 개인의 기본권을 보호하는 한(홉스, 로크, 루소), 그리고 모든 구성원이 함께 참여하여 형성한 일반의지를 따르는 한(루소) 자발적 복종이 필요하거나 바람직하다고 명시적으로 전제한다. 사회계약론에서 정당한 정치적 권위에 대한 자발적 복종은 사회 질서와 기본권 보호를 비롯한 공동의 이익을 위해 이성적으로 동의된 복종이므로 전혀 문제되지 않는다. 사회계약론에 담겨 있는 정치권력 정당화의 근대적 원칙은 그것을 제시한 사상가들이 살았던 시대보다도 오늘날 더욱 광범위하게 국가권력의 정당화 논리로 작동하고 있다.

이러한 권력의 정당화가 피지배자들에게 성공적으로 받아들여지면 피지배자들은 이러한 정당화 논리를 자신들의 권력에 대한 순응과 복종에 대한 자기합리화self-justification의 논리로 사용하게 된다. 이를테면 '무질서와 혼란으로부터 나의 안전을 보장받기 위해서', '우리 모두에게 이익이 되고 나도 동의했으니까', '국민적 공감대(또는 여론)에 부합하는 정책이니까'라는 방식으로 말이다. 반대로 이러한 정당화가 실패한 경우에는 광범위한 국민적 저항이 일어날 수 있다.

05

권력에 대한 공포에서
무질서에 대한 공포로

전쟁 상태와 치안 논리

1651년에 출간한 『리바이어던Leviathan』
에서 토머스 홉스가 '만인의 만인에 대한 투쟁bellum omnium contra
omnes'이라는 관념을 제시했을 때, 그것은 앞으로 근대적 주권
이 전유하게 될 권력 정당화의 핵심 논리가 극적으로 탄생하는
순간이었다. 프랑스의 종교전쟁과 영국의 내전을 거치면서 공
동체적 소속감에 기초하고 전통적인 믿음으로 정당화되었던 사
회 질서가 불안정해지는 것을 목격한 홉스는 인간의 개별성을
극단으로 밀어붙였다. 개인은 오로지 자기 자신의 의지에 의존
할 뿐이라고 말이다. 자연 상태에서 모든 개인에게는 무제한의
자유가 주어지며, 그 결과로 그들 간의 갈등이 불가피해지고, 결
국 만인의 만인에 대한 투쟁에까지 이르게 된다. 이러한 사회는

엄밀히 말해 더 이상 사회가 아니다. 법도 없고 정치적 구조나 사회제도도 없는 무정부 상태, 그래서 통제 불가능한 경쟁과 내전 상황으로 내몰린 개인이 극심한 고통을 받게 되는 상태이다.

홉스가 문명화되기 전에 인류가 살았던 보편적인 원시 상태를 자연 상태로 생각한 것은 아니다.[*] 그는 자연 상태를 세 가지의 구체적인 상황에서 역사적으로 확인할 수 있다고 말한다. 그것은 바로 원시 사회, 내전 상황, 국제 사회이다. 아메리카 대륙의 몇몇 원시 사회를 자연 상태라고 생각하기는 했지만, 그는 국제 관계와 내전으로 인한 무정부 상태 등에 더 관심을 갖고 있었다.[**] 그가 늘 염두에 두었고 만인의 만인에 대한 투쟁이라고 묘사했던 자연 상태는 사실 그의 고국인 영국을 분열시킨 내전 상태였다. 그는 내전을 모든 악 중에서 가장 나쁜 것이라고 말할 때마다 그것을 자연 상태로 특징지었다. 요컨대 홉스가 말하는 자연 상태는 본질적으로 자신이 살던 시대의 정치적 상황에 대한 부정적 이미지가 반영된 것이다.

홉스가 말하는 자연 상태는 로크의 자연 상태보다, 그리

---

[*] 홉스는 브람홀Bramhall 주교와의 서신 논쟁에서도 다음과 같이 썼다. '창조 이래로 인류에게 사회가 완전히 없었던 시기는 결코 없었다는 것이 진실로 보입니다. 인류의 한 부분이 법과 통치자가 없었더라도 다른 부분들은 국가commonwealth였을 것입니다.'

[**] 홉스는 『리바이어던』(그리고 『시민론』)에서 자연 상태의 사례로 아메리카 원주민을 언급했지만 곧바로 다음과 같이 덧붙인다. '어쨌든 두려워할 만한 공통의 권력이 존재하지 않는 곳에서 인간의 삶이 어떠할 것인지는 과거 평화로운 통치 아래서 살다가 내란에 빠져들곤 했던 인간의 역사를 살펴보는 것만으로도 족할 것이다.'(『리바이어던』 제1부 13장)

고 당연히 『인간 불평등 기원론』에 묘사된 루소의 자연 상태보다 훨씬 더 '현실적'이다.* 자연 상태를 '영원한' 전쟁 상태라고 말하는 것은 현실적이지 않다고 반론을 제기하는 사람이 있을지도 모르지만, 정확히 말해서 홉스는 폭력적인 갈등 상황뿐만 아니라 단지 평화가 불안정한 상태까지도 전쟁 상태라고 보았다.** 이탈리아의 정치학자 노르베르토 보비오Norberto Bobbio(1909~2004)의 지적처럼 '만인의 만인에 대한 투쟁'은 과장된 표현이다.[1] 그 표현을 걷어내면, 홉스의 말은 개인 또는 집단을 이룬 사람들이 어떤 공유된 힘이 존재하지 않기 때문에 상호적이고 영속적으로 폭력적인 죽음의 위협 속에서 살아가는 조건을 의미한다. 그가 굳이 과장법을 사용한 이유는 그것이 견딜 수 없는 상태라는 것을, 인간이 가장 소중하다고 여기는 자신의 생명을 구하고 싶다면 그 상태에서 벗어나야 한다는 것을 우리가 이해하는 데 도움을 주기 위한 것이다. 아무튼 이런 상황에서 인간은 각자의 안전을 보장받기 위해 절대적인 공공의 권력을 구축할 필요성을 발견하게 된다. 그리고 자연 상태의 무질

---

* 『인간 불평등 기원론』에서 루소는 마치 불평등이 역사적 사실인 것처럼 기술하지만 현대인들은 고고학, 인류학, 역사학, 진화생물학 등 여러 학문 분야에서 진전시킨 연구를 통해 사실과 전혀 다르다는 것을 알고 있다.

** 이런 상황에서 평화는 오로지 오늘날 '억제deterrence'라고 부르는 상호적인 두려움에 의해서만 보장될 수 있다. 다시 말해 지속적인 전쟁에 대한 위협 덕분에 평화가 가능한 상황인 것이다. 홉스는 오해를 피하기 위해 여러 저술에서 이러한 주장을 반복했다. (『법의 원리The Elements of Law, Natural and Politic』 제1부 14장, 『시민론』 제1부 12장, 『리바이어던』 제1부 13장)

서와 혼란보다는 절대 권력을 감내하는 편이 더 낫다고 여긴다. '왜 정치권력에 복종하는가?'라는 질문에 대한 홉스의 대답은 바로 자기 보존에 필요한 안전security을 얻기 위해서라는 것이다.

> 국가commonwealth의 목적은 개인의 안전이다. 태생적으로
> 자유와 타인에 대한 지배를 좋아하는 인간들이 국가 안에
> 서 살면서 스스로를 구속하게 되는 궁극적 원인, 목적이나
> 의도는 그들의 자기 보존과 그것을 통한 더 만족스러운 삶
> 에 대한 기대이다.
> -『리바이어던』 제1부 17장

홉스의 주장을 이해하려면 여기에 전제된 가정을 파악하는 것이 중요하다. 만일 우리가 공공의 질서를 보장하기 위한 정치 시스템을 만들고자 한다면, 즉 모두의 평안함과 그것을 유지하는 치안을 원한다면 절대 권력과 다름없는 강한 권력이 필요하다. 그런데 그러한 절대 권력을 법으로 구성하기 위해서는 사회계약이 서로 결합하겠다는 '상호 결합의 협약'임과 동시에 계약을 통해 구성한 권력에 복종하겠다는 '복종의 협약'이어야 한다. 홉스는 만인의 만인에 대한 투쟁을 피하기 위해 사람들이 '공공의 질서를 위협하는 자들을 꼼짝 못하게 할 절대 권력을 구성하기로 결정했다'고 가정한다. 그 결정(계약)에 따라 주권자

는 공공의 평화를 보장하고 시민사회가 평안해질 수 있도록 최고의 권력을 소유한다. 이때 주권자의 최고 권력은 모든 시민이 자신의 권리를 주권자에게 양도함으로써 형성된다. 결국 사람들은 자신의 모든 권리를 포기하면서 보호를 받게 되고, 바로 이러한 방식에 의해서 권력이 절대적으로 된다. 정치권력의 정당성은 주권자로 하여금 공공의 안전을 수립할 수 있도록 한 계약으로부터 나온다.

홉스의 정치 이론은 정치적 의무와 복종에 관한 정교한 설명의 형태를 보여준다. 그의 치안 논리 속에는 무정부 상태에 대한 공포가 정치권력에 대한 복종의 기원으로 제시된다. 고대로부터 공포는 일반적으로 정치권력에 의해 경험되는 것이었다. 백성들은 왕이 휘두르는 무자비한 권력에 공포를 느껴왔다. 그것이야말로 백성들을 왕에게 복종하게 만드는 주된 동력이었다. 그러나 홉스는 공포가 왕의 권력이 아니라 오히려 권력이 없는 상태로부터 나온다고 말한다. 홉스 이론의 독창성은 공포와 권력의 관계를 완전히 뒤집었다는 사실에 있다.

홉스에 따르면 이 권력 없는 상태, 개인이 무제한의 자유를 누릴 수 있는 상태는 불가피하게 무질서해질 수밖에 없다. 인간의 욕망은 무한하지만 획득할 수 있는 재화가 한정되어 있으므로 사람들이 서로 대립하고 싸우기 때문이다. 이러한 '만인의 만인에 대한 투쟁'이 바로 홉스가 상정한 자연 상태이다. 요컨대 홉스에게 가장 근본적인 두려움은 권력을 향한 것이 아니라 오히려 권력이 없는 상황, 다시 말해 권력이 없는 공동체가 처하게 될 무질서와 불안정에 대한 것이다. 따라서 이러한 두려움에서 벗어나기 위해 사람들은 '자발적으로' 절대적인 권력을 구성하고 그에 복종하기로 '결정'한다. 물론 이 '결정'은 역사적인 성격을 가지고 있지 않다. 정치적 권위의 위상이 결코 자연적인 것이 아니라 인위적인 인간 의지의 결과라는 것을 상징적으로 보여주는 이론적 장치이다.

비록 홉스의 사회계약론이 그 의도가 무엇이었든 당시 영국에서 절대주의가 발전하는 데 기여한 것은 사실이지만,* 근대적 주권을 정당화하는 그의 탁월한 통찰은 전제정專制政이나 과두정寡頭政뿐만 아니라 민주정까지 포함하는 다양한 형태의 정부에 적용할 수 있다. 좀 더 자유주의적인 근대 정치사상의 전통에서도 무질서에 대한 공포는 국가권력의 필요성에 관한 근거를 제시하는 가장 중요한 전제이다. 홉스의 절대주의가 자연 상태보다도 해롭다고 생각했던 존 로크 역시 개인이 자신의 기업을 발전시키고 노동의 결실을 향유하기 위해서는 정치권력, 즉

---

* 홉스가 주권의 절대성과 주권에 대한 신민의 절대적 복종 의무를 강조하고 있지만, 당시 영국의 절대왕정을 옹호했다는 것은 오해이다. 홉스는 군주의 세습적 권리를 부정하고 누구든지 권력을 위임받은 자를 주권자로 간주했다. 게다가 권력을 위임받은 자가 꼭 한 사람이어야 하는 것이 아니라 의회assembly of men일 수도 있다. 그래서 당시 제임스 2세의 왕위 계승에 찬성한 토리당은 홉스의 사상을 절대왕정을 옹호한다기보다는 크롬웰의 독재를 변호하는 것으로 여겨 환영하지 않았다.

국가가 필요하다고 주장했다. 『통치론』에서 그는 자유롭고 평등한 개인이 자연 상태의 절대적 자유에 대한 권리를 포기하고 권력의 통제에 복종하는 이유를 다음과 같이 설명했다.

> 만약 자연 상태에 있는 인간이 앞서 말한 것처럼 자유롭다면, 만약 그가 가장 위대한 사람들에게조차 아무것도 넘겨주지 않고 자신의 인신과 소유물에 대한 절대적인 주인이며, 만약 어느 누구의 신민도 아니라면, 그는 왜 그러한 자유와 결별하는 것일까? 그는 왜 그러한 지배권을 포기하고 타인의 권력의 지배와 통제에 순응하는 것일까? 이러한 질문에 대한 답은 분명하다. 자연 상태에서 그는 그와 같은 권리를 가지고 있기는 하지만 그 향유가 매우 불확실하고, 끊임없이 다른 사람이 침해할 위협에 놓여 있기 때문이다. (……) 이런 이유로 그는 분명히 자유롭지만 두려움과 지속적인 위험으로 가득 찬 이 상황을 기꺼이 떠나고자 한다.
>
> ─『통치론』 제2권 9장 123절

홉스가 가정한 것과 마찬가지로 로크의 자연 상태도 완벽한 자유의 상태이자 평등의 상태이다. 그러나 그것이 꼭 전쟁 상태가 되는 것은 아니다. 로크에 따르면 자연 상태는 사람들 각자에게 주어진 '개인적 자유'와 '사적 소유권' 같은 자연적 권리로 특징지을 수 있다. 그것은 사람들로 하여금 자기 자신뿐만 아니라 인류 전체를 보존하도록 강제하는 자연법에 의해 제한된다. 그렇지만 자연 상태는 여전히 불안정하다. 다른 사람으로부터 권리를 침해당했을 때 적용할 수 있는 실정법이 없고, 호소할 수 있는 재판관이 없으며, 이를 집행할 수 있는 권력도 없기 때문이다. 자연법을 어긴 사람은 전쟁 상태 혹은 증오 상태에 들어가고, 그로 인한 희생자가 나타난다. 바로 이러한 자연 상태의 불안정성이 사람들로 하여금 시민사회를 구성하도록 자극한다. '이러한 전쟁 상태를 피하고자 하는 의지가 사람들이 자연 상태를 벗어나 사회를 구성하는 주된 이유 중 하나이다.'(『통치론』제2권 3장 21절)

이 지점에서 자연권을 보증하기 위해, 자연권 수호를 보장하기 위해 사회계약이 등장한다. 모든 개인의 자연권 향유로 특징지을 수 있는 상태를 보장하기 위해 합법적인 승인 아래 국가의 설립이 요청되는 것이다. 로크는 더 구체적으로 다음과 같이 말한다. '사람들이 국가로 결합하고 정부에 복종하는 가장 중요한 목적은 자신의 소유권을 보호하는 것이다.'(『통치론』제2권 9장 124절) 그러므로 공공의 질서를 보장하고 생명과 자유를 포함한 개인의 소유권과 시민권을 보호하는 일이야말로 국가권력의 주된 역할이자 근대적 주권의 정당한 역할이 된다.

이러한 생각은 18세기에 프랑스에서 활동한 장 자크 루소에게서도 유사한 형태로 발견된다. 루소는 각 구성원의 신체와 재산을 공동의 힘으로 지키고 보호하면서도 이전과 마찬가지로 자유로운 결합의 형식을 발견하는 것이야말로 사회계약으로 풀어야 할 근본 문제라고 보았다.(『사회계약론』 제1권 6장) 뒤에서 구체적으로 살펴보게 될 루소의 이론에 따르면 모든 시민은 자기 자신을 처벌할 수 있는 법률이더라도 공동체의 안전을 위해 필요하다면 동의하고 따라야 한다. 작은 범죄도 사회 전체에 대한 공격으로 여겨질 수 있으며, 사회를 보호하는 것을 최우선하는 임무가 법률에 부여되었기 때문이다.

정치권력의 정당화 논리로서 치안 논리는 나중에 현대 철학자 버트런드 러셀Bertrand Russell(1872~1970)에 의해 재발견되었다. 러셀은 지배하려는 욕망만큼이나 '복종의 욕망'도 보편적으로 실재한다고 주장하면서 그것이 공포에서 나온다고 강조한다. 이 공포는 홉스가 말한 것과 마찬가지로 구체적인 권위에 의한 것이 아니라 불확실한 위기에 의한 것이며, 그것은 인간의 본성에 내재한다. 러셀은 종교적인 복종의 예를 들어 설명했다.

'신의 뜻에 순종한다는 것에는 궁극적인 안전이라는 의미가 담겨 있으며, 그래서 어느 세속적 존재에게도 복종할 수 없었던 많은 군주가 종교 앞에서 무릎을 꿇었다. 우리가 복종하는 지도자가 인간이든 신이든 모든 복종은 두려움에서 기인한다.'[2]

이러한 불확실성에 대한 공포와 그에 따르는 포괄적인 안전의 추구는 자연 상태의 무질서에 대한 공포를 제시하면서 공공의 질서를 위협하는 자들을 꼼짝 못하게 하기 위해 절대 권력을 정당화한 홉스를 상기시킨다. 홉스의 치안 논리에 따르면 이와 같은 공포를 피하기 위해 사람들은 자신의 자연적 권리를 양도하여 절대 권력을 구성하기로 결정한다. 러셀에게서도 역시 복종을 받아들이는 메커니즘에서 두려움이 중요한 부분을 차지한다는 것을 읽을 수 있다.

치안 논리는 전제주의나 전체주의뿐만 아니라 현대 민주주의 국가에서도 여전히 정치권력의 정당화를 위한 가장 핵심적인 기제로 기능하고 있다. 전제적인 권력이 주로 인민에게 주입한 두려움을 통해서 유지된다면, (상대적으로) 민주적인 권력은 사회 내부나 외부에 있는 어떤 대상이 표상할 수 있는 두려움을 확대함으로써 지배(더 정확하게는 구체적인 정책들)를 유지 또는 강화하거나 정당화한다.

근래에 미국과 프랑스에서 벌어진 일련의 사건들은 가장 민주적이라고 여겨지는 현대 정치권력의 정당화 기제로서 치안 논리가 여전히 매우 효과적으로 사용되고 있음을 극적으로 보여주었다. 2001년 미국에서 9·11테러가 발생한 직후 부시 행정부는 테러에 대한 위협과 공포 분위기를 조성하여 애국법Patriot Act을 제정함으로써 FBI, CIA, NSA, 군대 등 정부의 공권력과 여러 정보 및 수사기관의 권한을 대폭 강화했다. 2005년 파리

05 근교에서 이민 2세 청년들이 격렬한 시위를 벌이자 프랑스 정부 당국은 언론매체를 통해 탈선과 폭력 이미지를 강조하면서 공권력을 증강하고 이민자 통제를 강화했는데, 이는 극우 정치가 부상하는 결과를 가져왔다. 한국의 경우에도 역대 권위주의 정권과 지배 세력이 북한의 위협, '빨갱이'·'주사파'·'종북' 낙인찍기 등으로 위기감을 조성하며 공권력 강화 논리를 펼쳤다.

권력에 대한 공포에서 무질서에 대한 공포로

06

정당한 권력은
인민의 동의에서 나온다

공동 이익과 자발적 동의

인간 집단에 관한 문헌들을 보면, 대부분의 경우 명시적으로든 암묵적으로든 조직organization 자체가 집단 내에 있는 사람들의 공동 이익을 수호하는 데 기여한다는 가설을 찾을 수 있다. 그것은 적어도 아리스토텔레스까지 거슬러 올라갈 수 있다.* 아리스토텔레스는 정치적 결사체는 그것이 제공하는 '일반적인 이점들' 때문에 만들어지고 유지된다고 말했다. 이런 관점에서 모든 정치집단은 모든 구성원이 공유하는

---

* '모든 공통의 교제는 정치적인 공동체의 부분을 닮은 것이다. 왜냐하면 사람들이 서로 교제를 하는 것은 어떤 유익을 위해서이며, 삶을 위해 필요한 어떤 것을 산출해내기 위해서이고, 정치적인 공동체 역시 어떤 유익을 목적으로 처음부터 함께 모여 지속하는 것으로 보이기 때문이다. 법을 제정하는 사람들이 겨냥하는 것도 바로 이 유익이며, 사람들은 또 정의를 공통의 이익이라고 하는 것이다.'(『니코마코스 윤리학』 제8권 9장 4절)

이익을 전제로 한다. 아리스토텔레스에게 그것은 인류의 자연적 결합과 관련된다. 심지어 아리스토텔레스는 『정치학』 제1권에서 노예제의 자연적 성격을 거론하면서, 한 사람이 다른 사람에게 예속되는 것은 필요할 뿐만 아니라 정의롭고 유용하며, 둘 사이에는 공동의 이익이 존재한다고까지 주장했다.[*]

하지만 근대에 와서 사회적 질서의 자연적 성격이라든가 단순히 사회적 제도가 우수하다는 등의 설명은 더 이상 충분하지 않게 되었다. 그것은 이제 이성적이고 합리적인 동의를 필요로 한다. 사회계약론은 '좋은' 국가라는 관념을 '정당한' 국가라는 관념으로 대체한다. 그리고 17세기 이후 이러한 정당성은 '의지will'로부터 나온다. 노예제를 비롯한 정치적 위계와 예속이 '자연적'이라는 아리스토텔레스의 관념에 반하여, 홉스의 정치 이론에서 정치권력에 대한 예속은 '인공적'인 것으로 나타난다. 홉스는 꿀벌이나 개미는 인간과 다르다고 보았다. 꿀벌이나 개미들 사이에는 자연적으로 갈등이 부재하며, 인간들 사이의 갈등은 인공적인 서약convenance에 의해서만 억제할 수 있기 때문이다. 예속의 의무가 인공적이라는 홉스의 잦은 강조는 정

[*] 아리스토텔레스에 따르면 노예는 자연적으로 복종하기 위해 만들어진 자이다. 그는 탁월한 신체적 힘을 타고났지만, 미래를 예견하고 계획을 세우는 등 자신의 이성을 사용할 줄 모른다. 자연적으로 자신의 이성을 사용할 줄 아는 자가 자연적으로 명령할 수 있다. 그러나 아리스토텔레스는 노예적 예속과 자연적 자유가 항상 유전적으로 계승된다는 주장에는 반대한다.(『정치학』 제1권 6장)

치적 지배가 자연적인 강제가 아니라 합리적인 인간들의 '자발적 동의'의 산물이라는 사실을 분명하게 인정한 것으로 해석될 수 있다.

홉스의 계약론은 정치적 결사의 목적이 공동의 이익common interest이라는 생각을 함축하고 있다. 치안 논리에 의해 옹호되는 공공의 질서와 모두의 안녕은 정치적 지배의 주목할 만한 '공동의 유용성'을 구성하기 때문이다. 그러나 사회계약론자들은 여기서 한 발 더 나아가, 특히 국가처럼 거대한 규모의 정치적 집단에서는 포착하기 어려운 공공선을 위한 복종과 개인의 관점에서 기대하는 구체적인 사적 이익을 위한 복종을 연결시키고자 했다. 즉 한 시민의 입장에서 볼 때 자신의 안전과 재산권 보호는 정치적 결사에 의해 얻어지는 첫 번째 이득이다. 그러므로 그것은 국가의 모든 구성원에게 공동의 이익이 된다.

사회계약론은 자연 상태의 개인이 무제한으로 누릴 수 있는 자연적 자유를 단념하는 것을 전제한다. 잘 알려진 바와 같이 홉스는 그것을 한 사람 또는 일군의 사람들a man or assembly of men에게 전면적으로 양도함으로써 절대적인 권력, 즉 '리바이어던'을 탄생시킨다. 문제는 그렇게 만들어진 리바이어던이 자신의 권력을 남용할 경우에 개인이 그것을 통제할 방법이 없다는 점이다. 그러한 절대 권력의 한계를 파악한 존 로크는 개인의 권리 중 일부만 조건부로 양도하는 방식으로 정부를 구성함으로써 문제를 피해갈 수 있었다. 여기서 조건부란 정부가 개인의 생명, 자유, 자산에 대한 권리를 포함하는 재산권을 보호해준다는 조건이며, 그러한 조건을 어겼을 경우 개인은 양도하지 않은 일부의 권리를 사용하여 정부에 저항할 수 있다.

한편 루소의 경우에는 개인의 자유를 포기함으로써 제삼자(한 사람 또는 일군의 사람들)에게 권력을 부여하는 것이 아니라 공동체 전체에 양도한다. 즉 각자는 자신의 자연권을 공동체 전체에 양도해야 하며, 바로 이 양도 덕분에 자신의 생명과 재산을 보호받을 수 있다. 따라서 그렇게 결성된 국가라는 정치공동체는 그에 소속된 시민들의 공동 이익에 복무할 것으로 기대되는 것이다.

치안 논리에서 출발한 홉스의 복종에 관한 이론은 훨씬 더 멀리 나아갈 수 있다. 즉 권력에 대한 복종을 개인의 '합리적 선택rational choice'이라고 보는 것이다. 그것은 한편으로 자연적인 자유가 있지만 항구적인 전쟁으로 인해 그것이 불안정한 상태, 그리고 다른 한편으로 안전을 보장받는 대신 절대 권력에 복종해야 하는 상태, 그 둘 사이에서 이익과 비용을 계산한 결과인 것이다. 치안 논리에 근거한 정치권력에 대한 인정은 단순히 두려움에서 나온다기보다 권력이 부재한 상태에서 나타날 수 있는 불안정한 상태를 피하기 위한, 이해관계에 기초한 '고려taking account'에 다름 아니다. 사람들은 가장 큰 이익을 위해서 또는 가장 적은 비용을 위해서, 요컨대 계산에 따라서 복종한다.

제 1 부 근대 국가의 발명

이러한 시각으로 보면 정치권력에 대한 종속은 단지 자발적일 뿐만 아니라 이성적이고 합리적이기까지 하다. 그것은 수치스럽거나 불명예스러운 것이 아니라 필요한 것이며, 오히려 칭송받을 만한 것이다. 이러한 관점에서는 권력에 대한 복종이 전혀 문제되지 않는다. 홉스의 이론은 사람들의 복종을 합리화 rationalize 함으로써 정치권력을 정당화하는 것이다.

이렇게 개인의 의지에 기초하여 복종을 설명하는 유형은 존 로크에게서 더욱 정교한 형태로 다듬어진다. 홉스가 자연 상태의 무질서와 다중의 폭력보다는 한 사람의 유일한 주권자의 전제정치를 감내하는 편이 더 낫다고 생각했다면, 로크는 합리적인 인간이 훨씬 더 제한적인 권력으로부터 보호받기 위해서 왜 굳이 자발적으로 한 주권자의 절대 권력에 복종하겠느냐고 묻는다. 로크가 보기에 사회계약의 수립을 설명함에 있어서 치안 논리만으로는 불충분하고, 자발성과 동의의 원칙이 강조될 필요가 있다. 그것은 스스로 국가에 속하겠다는 시민들의 실질적인 약속에 해당한다.

복종의 원천이 개인의 사적 이익을 위한 '합리적 선택'이라는 관념은 복종의 '자발성'과 연결된다. 로크의 관점은 만일 신神이 도덕적이고 정치적인 목적을 법률과 자연법으로 규정했다면, 그러한 목적이 지상에까지 효과적으로 도달하는 데에는 인간의 의지와 동의가 필요하며, 인간은 신이 규정한 목적에 부합하게 행동하도록 요구하는 '공정한 심판자'가 필요하다는 것이다. '만일 자연 상태에서 무고한 사람들을 보호하고 범죄자를 잡아 가두기 위한 집행을 보장하는 권력을 아무도 갖고 있지 않다면 자연의 법은 무의미할 것이다.'(『통치론』 제2권 2장 7절) 그런데 자연적인 정치적 권위는 없기 때문에, 이 법률을 '집행하는 권력'은 동의와 계약에 의해 마련되어야 한다.

우리에게 친숙한 로크의 계약론적 주장은 대부분 그가 쓴 『통치론』의 두 번째 논문Second Treatise에서 발견되는데, 이 논문 곳곳에서 동의가 정치적 권리를 만든다고 반복적으로 강조하고 있다. 예컨대 제8장 102절에서는 '따라서 그들이 세운 모든 정치사회는 자유롭게 자신들의 수장과 정부의 형태를 선택한 사람들의 자발적인 결사와 상호적인 합의로 출발했다'고 전제하고, 192절에서는 '인민은 언제나 자신의 수장으로부터 그들이 자발적인 선택에 의해 동의하는 정부 형태를 획득할 때까지, 이러한 굴레로부터 벗어나고 무력으로 강요하는 침탈이나 전제정으로부터 해방될 권리를 가진다'고 주장한다. 로크는 정당한 정치권력을 부권이나 전제적인 권력과 구분하면서 더욱 정교한 주장을 내놓았다. 정당한 정치권력을 다른 형태의 권력과 구분하는 데 있어서 '자발적인 합의' 개념을 핵심으로 제시한 것이다.

자발적인 합의가 두 번째의 권력, 즉 정치권력을 통치자에게 부여한다. 그것은 신민들에게 그들의 재산 소유와 사용에서의 안전을 보장함으로써 신민들에게 이익을 주기 위한 것이다.

-『통치론』제2권 15장 173절

따라서 로크가 자발성을 동의, 계약, 정치적 의무, 정치적 정당성의 핵심적인 구성 요소로 여긴 것은 분명하다.[1] 홉스와 달리 로크는 인민의 자발적인 합의가 정치적 권위의 정당성을 본질적으로 보장하는 것이므로 국가권력이 개인의 자유와 소유권을 보호하지 못하고 위태롭게 한다면 개인은 권력의 남용에 대해 저항할 수 있는 권리가 있다고 주장하는 데까지 나아간다.

루소는 고대의 강하게 통합된 정치적 삶과 공공선의 정신이 근대의 파편화된 정치적 삶과 사적 이익의 정신보다 우월하다고 여겼지만, 개인주의적인 근대 사상과 많은 생각을 공유한다. 그는 다른 근대 사상가들과 마찬가지로 모든 정치적 삶은 합의에 의한 것이며, 정치권력에 대한 복종은 의무가 아니라 개인의 동의를 통해서 가능하다고 확신했다. 또한 정치적 의무와 정당한 정치적 권위는 협약convention에 기초하여 세워졌다고 분명하게 말했다.

시민적 결사는 세상에서 가장 자발적인 행위이다. 어떤 구
실을 대더라도 그의 동의 없이는 그 무엇도 자유롭게 태어
나고 자기 자신의 주인인 모든 사람을 예속시킬 수 없다.

　　　-『사회계약론』 제4권 2장

『사회계약론』 제1권의 첫 4개 장은 가부장적 권위, 최고 강
자의 법, 노예제에서 유래한 의무 등 권리와 의무에 관한 잘못된
이론을 반박하는 데 할애되었는데, 그 뒤에 루소는 '어떠한 인간
도 자신의 동포에 대해 자연적인 권위를 가지지 않으며 무력은
어떠한 권리도 만들어내지 못한다. 그러므로 인간들 사이에서
모든 정당한 권위의 기초는 협약밖에 없다'(『사회계약론』 제1권 4장)
고 단언한다. 루소에게는 협약이야말로 법의 정당한 토대인 것
이다. '사회적 질서는 다른 모든 것에 근본적으로 기여하는 성
스러운 법이다. 하지만 이 법은 절대로 자연으로부터 나오지 않
는다. 그러므로 그것은 협약에 기초한다.'(『사회계약론』 제1권 1장)
바로 이런 점 때문에 모든 사회계약론은 본질적으로 사회에 대
한 '의지주의 모델voluntarist model'로 여겨지는 것이다. 다만 루소
에게 중요한 문제는 무엇이 바람직한 정치 질서를 구성하는 협
약인지 파악하는 것이었다.
　　1776년 7월 4일 아메리카 대륙회의에서 13개 주 대표가 만
장일치로 채택한 「독립선언문」 전문에 로크가 강조하고 다른

사상가들이 공유한 이러한 생각이 고스란히 담겨 있다.

'모든 사람은 평등하게 태어났으며, 조물주로부터 양도할 수 없는 권리를 부여받았다. 그 권리 중에는 생명, 자유, 행복 추구가 있다. 이 권리를 확보하기 위해 인류는 정부를 조직했으며, 이 정부의 정당한 권력은 인민의 동의로부터 유래한다.'

사실 사회계약론 안에 공동의 이익과 자발적 동의의 논리가 포함되어 있다는 말은 거의 동어반복에 가깝다. 원래 '계약'이라는 것 자체가 자발적 동의를 전제로 하는 것이고, 사회 구성원들이 자발적으로 어떤 '사회적 약속'에 동의하려면 각자에게 이익이 돌아갈 때 가능하기 때문이다. 그리고 근대의 정치 질서를 구성하는 핵심적인 아이디어를 제시한 정치사상가 다수가 사회계약론자였다는 사실은 곧 이 논리가 근대의 정치 질서 속에 깊숙이 들어 있다는 뜻이기도 하다. 따라서 근대화된 국가에서 살아가는 현대인은 사회계약론을 굳이 공부하지 않아도 자발적 동의의 논리에 익숙할 수밖에 없다.

07

일반의지에 대한 복종은 나 자신에 대한 복종

일반의지와 민주적 참여

로크는 정치권력의 정당성을 구성하는 데 있어서 개인의 자발적 동의를 특히 강조했으며, 그러한 생각은 홉스와 루소에게서도 발견할 수 있다. 하지만 루소는 그것만으로는 불충분하다고 생각했다. 만일 정치적 정당성이 단지 '개인의 동의'로만 보장된다면, 그들이 원하는 것의 내적 가치에 관해서는 아무런 평가도 할 수 없다. 그래서 무엇이든 개인이 원하는 것은 단지 개인이 그것을 원하기 때문에 좋은 것이라고 주장하는 것이 가능해진다. 이것이 바로 이전의 사회계약론을 향한 루소의 불만이었다. 17세기 잉글랜드의 자유주의 전통과 함께 발전한 홉스와 로크의 사회계약론은 의지를(예를 들어 개인이 원하는 것을) 그 자체로만 다루고, 우리가 행해야 하는 정치적 의무는 무엇이며 어떤 의지를 가져야 하는지에 관해서는 충분히 성찰하지 않았다는 것이다. 바로 이 지점에서 루소는 '일반의지'라는 특정한 형태의 의지를 고안해낸다.

있는 그대로의 인간들을 활용하는 방법을 아는 것은 훌륭한 일이지만, 되어야 할 인간들을 되도록 만드는 것이 훨씬 더 훌륭한 일이다. 가장 절대적인 권위는 인간의 내면에 침투해 행동에 못지않게 의지에도 영향을 미치는 권위이다.

–『정치경제론Discours sur l'économie politique』(1755년)

루소는『인간 불평등 기원론』과『사회계약론』곳곳에서 로크를 높이 평가하는 반면에 홉스는 신랄하게 비판하고 있다. 그러나 그의 주장을 들여다보면 로크보다 오히려 홉스의 사회계약론과 일치하는 부분이 적지 않다. 그중에서 가장 중요한 것은 자연 상태에서 개인이 부여받은 권리를 '전면적으로' 양도한다는 점이다. 이 점에서 루소는 (부분적, 조건부 양도를 주장한) 로크가 아니라 홉스의 사회계약 방식을 계승한다. 집단(단체) 내의 각 개인은 자신이 갖고 있는 일체의 권리와 함께 자기를 공동체에 전적으로 양도한다. 다만 양도의 대상이 '한 사람 또는 일군의 사람들'이 아니라 '공동체 전체'라는 점이 홉스와 구별되는 루소의 독창적인 생각이다. 루소는 그렇게 함으로써 모든 사람의 조건이 같아지고 평등한 관계가 가능해진다고 보았다.

여기서 개인이 갖고 있는 모든 권리와 함께 자기를 공동체에 전적으로 양도한다는 것은 '자신의 신체와 모든 힘을 공동의 것으로서 일반의지의 최고 지도하에 둔다'는 것을 의미하며, 각구성원이 공동체와 한 몸이 되어 전체를 구성하면서 나눌 수 없는 하나의 부분이 되는 것을 의미한다.(『사회계약론』 제1권 6장) 루소가 말하는 일반의지는 '공공의 이익을 위해 공동체의 모든 구성원이 함께 참여하여 형성한 공동의 의지'라고 정의할 수 있다. 이 일반의지는 '언제나 공공의 유용성utilité publique으로 향한다'(『사회계약론』 제2권 3장). 의지를 일반화하는 것은 그 안에 포함된 시민의 수가 아니라 그들이 서로 협력하도록 결속시키는 공공의 이익인 것이다.

자칫 일반의지와 전체 의지를 혼동하기 쉬운데, 그 둘은 개인의 특수한 이익에 부합하는 행동을 이끄는지, 아니면 공동의 이익에 필요한 행동을 이끄는지에 따라 구분된다. 일반의지general will는 공동의 이익을 바라지만, 전체 의지will of all는 사적이익을 바라는 특수 의지의 총합일 뿐이다. 언제나 분리될 수 없는 일반의지는 각기 다른 의지의 심의 및 의결délibération에 종속된다. 왜냐하면 각자는 공동의 이익으로부터 자신의 이익을 분리하면서도 그것이 완전히 분리될 수 없다는 것을 알고 있으며, 자신의 이익을 위해 그 어떤 다른 것에 못지않게 전체 이익을 바라고 있기 때문이다.(『사회계약론』 제4권 1장) 따라서 일반의지 형성에 참여하는 것은 로크가 이미 제시한 바 있는 단순한 다수결을 통한 의사 결정 방식과 본질적으로 다르다. 루소의 관점에서 보면, 로크의 다수결을 통해 확인할 수 있는 것은 특수 의지의 총합으로서 전체 의지일 뿐이다. 루소의 일반의지는 그 기원에서뿐만 아니라 그 목적에서도 공공의 이익을 추구한다. 그래서 그것은 모두에 의해서 실행될 뿐만 아니라 모두에게 적용될 수 있다.

　　루소의 이러한 시각은 그가 홉스의 정치 이론을 비판할 때 분명하게 드러난다. 루소가 보기에 홉스는 가부장적 권위와 자연법이나 신법神法에 기초한 의무를 거부하면서 동의에 기초하여 정당한 정치적 권위를 수립했지만, 근대 정치의 핵심적인 문제를 해결하는 데는 아무런 기여도 못했다. 홉스의 이론 체계에서는 사적 이익이 절제되지 않으며, 오히려 가장 중요한 요소로 여겨지기 때문이다. 루소의 관점에서 홉스가 범한 실수의 핵심은 사회가 낳은 인간의 모든 악을 자연 상태로 투사함으로써 우리가 지금 볼 수 있는 사회 상태의 인간을 자연적인 인간과 혼동한 점이었다. 그리하여 홉스는 문화적으로 발생한 변질을 자연적인 것으로 여김으로써 그러한 변질의 치유책으로서 공공선의 감정을 창출하기보다는 리바이어던이라는 절대 권력이 세워지도록 한 것이다.

　　이러한 홉스의 정치 질서는 (고대 그리스의 스파르타처럼)

잘 구성된 정치공동체가 사람들을 고양시키고, 그들을 어리석고 제한적인 동물에서 도덕적이고 지적인 존재로 변화시킨다고 생각한 루소에게 너무나 불완전한 것이었다. 왜냐하면 단순한 상호적 양도라는 홉스의 계약은 인간의 정치적·도덕적 삶에 어떠한 개선도 가져오지 못하기 때문이다. 루소는 『인간 불평등 기원론』에서 '왜 인간 정신이 계발되는 만큼 도덕성은 타락하는가?'라는 질문을 던지면서, 홉스가 (동의에 기초하여 그것을 수립할 정도로) 정치적 의무에 관한 진보된 시각을 갖기는 했지만, 사적 이익과 개별적인 의지에서 기인하는 도덕적 타락을 무시했다고 비판했다. 루소는 일반의지라는 개념을 통해 한편으로 이익과 유용성에 근거한 타산적이고 현실적인 요구와, 다른 한편으로 정의와 권리에 근거한 도덕적 요구를 동시에 만족시키는 정치 질서를 모색했다.[1]

일반의지는 큰 틀에서 고대의 결속력coherence과 근대의 의지주의voluntarism라는 정치사상의 주요한 두 전통을 통합하려는 암묵적인 시도이다.[2] 17세기 이래로 근대 정치사상은 무엇보다도 정치적 정당성의 기준으로서 개인의 의사(의지)를 강조하는 의지주의로 특징지을 수 있다. 이러한 생각은 홉스에서부터 칸트에 이르기까지 여러 사상가에게서 발견된다. 루소는 의지주의와 그가 동질성과 규범적 결속이라고 믿은 것, 특히 스파르타와 로마에 있었던 고대 정치의 일반성generality을 결합하고자 했다. 루소는 잉글랜드의 사회계약론자들이 전제한 원자론적 개인주의에 반하여, 공동체적 규범에 의해 정당화될 수 있는 일반성, 즉 비개인주의non-individualism 혹은 고대 사회의 전 개인주의 pre-individualism를 추구했다. 그리고 바로 그것을 목적으로 일반의지라는 개념을 고안한 것이다.

『사회계약론』 제2권은 일반의지와 주권의 성격, 그리고 두 개념의 관계를 설명하는데, 국가의 목표는 공동선이며 오직 일반의지만이 국가를 그 목표로 향하게 할 수 있다. 주권은 일반의지와 집단적 자아의 실행일 뿐이다. 그것은 침해할 수 없으며 나눌 수도 없다. 인민 정신의 표현인 주권은 법률로 스스로를 표현하며, 법률은 정치체政治體에 움직임과 의지를 부여한다. 법률이 정당하려면 주권자를 구성하는 모든 개인의 사적 의지, 즉 개별 의지나 특수 의지의 총합이 아니라 공동의 이익을 추구하는 일반의지를 표현해야 한다. 자연 상태에서 사회 상태로 전환시키는 결합의 행위인 사회계약은 그것이 '자연적 자유'를 (일반의지의 선언을 통해 제정한 법률에 복종하는 것까지 포함하는) '협약에 근거한 자유conventional liberty'와 교환한다는 사실에서 그 의미가 있다. 이러한 사회계약의 결과 '신민들은 그러한 협정에 순응하는 것일 뿐이고, 단지 그들 자신의 의지 외에 어느 누구에게도 복종하는 것이 아니다'(『사회계약론』 제2권 4장).

이상과 같은 논리 위에서 우리는 일반의지에 기초한 것인

제1부 근대 국가의 발명

지 아닌지에 따라 권력의 정당성 여부, 그리고 합리적인 복종인 지 맹목적인 굴종인지를 구분할 수 있다. 루소에게는 '일반의지 가 언제나 옳다'는 것이 명백하지만 그것을 포착하기는 어렵다. 일반의지로 이끄는 판단이 언제나 분명한 것은 아니다.(『사회계 약론』제2권 6장) 그래서 일반의지를 향해서 사람들을 이끌어줄, 인 민의 의지가 이성에 준거하도록 계도해줄 누군가가 필요하다. 루소에 따르면 입법자가 제도를 만들고 이데올로기적인 교육 을 통해서 우리에게 공동의 가치를 부여함으로써 우리 각자를 새로운 사회적 인간으로 만든다.

입법자는 우리에게 우리의 진정한 이익이 무엇인지 설득 해야 한다. 왜냐하면 평균적인 인간은 좋은 법률이 부여하는 지 속적인 절제로부터 얻을 수 있는 이점을 쉽게 알아차리지 못하 기 때문이다.(『사회계약론』 제2권 7장) 좋은 입법자는 우리의 주관적 인 의지를 변화시켜 일반의지에 가담하도록 이끈다. 이것은 공 동의 가치체계, 공동의 세계관, 나아가 공동의 이데올로기를 만 든다는 것을 의미한다.[3] 그리고 이것은 자연적인 인간을 변화시 키지 않고서는 이루어질 수 없다. 우리의 자유를 일반의지의 언 어로 재규정함으로써, 그리고 협동이라는 명령에 의해 우리의 반항적인 본성을 일반의지의 규범에 순응하도록 강제함으로써 우리는 자연적 인간에서 사회적 인간으로 변모한다. 역설적으 로, 우리는 자유롭기 위해 강제되어야 하는 것이다.

결국 루소의 사회계약론에서 정당성의 개념은 시민적 덕성을 통해 이기심을 억제할 자발적인 장치를 마련할 수 있는 사회 전반적인 역량에 의해 확립되는 것으로 보인다. 루소의 이론에서 정당한 사회는 두려움이나 사적 이익보다는 정치적이고 도덕적인 의무와 협동에 기초하여 시민들의 일반화된 복종을 창출한다. 정치적 의무는 개인적인 충동에 대한 종속에서 벗어나 (다른 시민들의 의지에 순응하는 것으로 이끄는) 협동의 의무로 나아갈 것을 요구한다.

　　루소는 '진정한 민주주의는 이제까지 존재하지 않았고, 앞으로도 존재하지 않을 것'이라며 정부 형태로서의 민주정에 대해 회의적이었다.(『사회계약론』 제3권 4장) 그럼에도 불구하고 그가 근대 민주주의의 단초를 제공한 사상가로 평가받는 것은 인민주권론과 함께 '일반의지에 담긴 민주적 참여의 원리'를 제시했기 때문이다. 민주주의적 절차는 일반의지를 '업데이트'하는 과정이며, 그렇게 인민이 모두 참여하여 형성한 일반의지를 따르는 정치 질서라면 민주주의라고 부를 수 있을 것이다. 요컨대 일반의지는 정치적 권위에 대한 민주주의적 개념화이다.*

　　만일 일반의지가 시민들의 참여로 만들어진 집단적 의지라면, 일반의지에 지배받는 것은 그들 자신의 의지에 지배받는 것과 마찬가지다. 루소적 민주주의는 이렇게 공적 권위와 개인적 자율성 간의 긴장을 축소시킨다. 그에게 개인적 자율성은 집단적 입법 활동에 참여하는 것으로 실현된다. 사람들은 자신이 만드는 데 참여한 법률에 복종함으로써 (자율성을 규정하는) 자기 자신에게 부여한 법률에 복종하는 셈이 된다. 루소에게 법률과 법률을 집행하는 자의 권위는 바로 시민인 집단적 입법자의 자율성의 표현과 다르지 않다. 루소의 이론에서 자연적 자유는 '자기 입법'의 원리에 의해, 국가의 모든 구성원이 자신의 자연적 자유를 일반의지에서 재발견한다는 원리에 의해 승화된다. '사람들은 자유롭고 법률에 복종한다. 그것은 우리의 의지의 장부일 뿐이기 때문이다.'(『사회계약론』 제1권 6장) 루소에게 시민적 자유는 사회를 이루고 있는 인간에게 유익한 환상이다. 일반의지에 복종하면서도 오직 자기 자신의 의지에 복종한다는 환상 말이다. 이렇게 해서 민주적 참여의 논리는 정치권력 정당화의 강력한 기반이 될 수 있다.

　　루소의 사회계약론에서 한 개인의 본성은 일반의지에 따르는 입법 행위를 통해 완성된다. 일반의지는 단일하며 나눌 수 없

일반의지에 대한 복종은 나 자신에 대한 복종

---

*　　사실 루소의 이론에서 일반의지를 형성하기 위한 전제 조건은 매우 까다롭다. 루소는 자연 상태의 인간은 독립적이고 정념적인 존재이며 비사회적이고 비합리적인 존재라고 보는데, 이렇게 특수 의지를 가진 개인이 진정한 일반의지를 형성하기 위해서는 시민적 덕성과 사회적 유대가 필요하기 때문이다. 그래서 그는 일반의지의 실현을 위해 입법자와 시민종교 같은 장치를 도입한다.(오근창, 「일반의지의 두 조건은 상충하는가? : 루소와 '자유롭도록 강제됨'의 역설」, 《철학사상》 제47호, 2013년 참조) 그러나 일반의지가 실제로 현실에서 어떻게 실현될 수 있는가 하는 것은 다른 문제이다. 특정한 제도나 정책에 대해서 일반의지에 따른 것이라는 '믿음'이 형성된다면 (그것이 진정한 일반의지이든 아니든 상관없이) 민주적 참여의 논리가 작동하기 때문이다.

으므로, 민주적 참여를 통해서 모든 개인은 마찬가지 방식으로 승화된다. 하지만 인간 조건의 다양성 때문에 결국에는 정치가 필요하다. 그러나 민주주의 아래서 권력에 대한 복종은 인민들에게 문제시되지 않는다. 만약 그들이 자신의 '진정한 의지'에 의해 통치된다고 믿는다면 말이다. 민주주의는 그 자체로 강력한 권력의 정당화 논리인 것이다. 일반의지를 잘못 파악한 소수가 있다면 진정한 일반의지로서 선거를 통해 확인된 여론에 따라야 한다. 이렇게 민주적 참여의 논리는 인민의 자발적 복종을 자연스럽게 이끌어낼 수 있다. 민주주의적 통치는 그 자체의 원리에 의해 정당화되는데, 그 권위가 인민으로부터 나온다고 믿게 만들기 때문이다.

도덕에서
견제와 균형으로

질서에 대한 정치공학적 해결책

르네상스 시대의 피렌체 사상가 니콜로 마키아벨리Niccolo Machiavelli(1469~1527)는 흔히 근대 정치학의 아버지로 평가받는다. 마키아벨리가 근대 정치학의 시조로 불리게 된 가장 핵심적인 이유는 그가 정치를 도덕이나 종교로부터 분리시켰고, 이것이 근대 정치의 주요한 특징이 되었다고 보기 때문이다. 동서양을 막론하고 전통 사회에서 좋은 정치란 도덕적 기반을 통해서 설명되었다.

동아시아 전통에서 정치는 '수기치인修己治人'으로 상징되는 도덕의 연장선 위에 위치한 것이었다. 자신의 몸과 마음을 갈고닦지 않는 사람이 정치에 나서는 것은 옳지 못한 일이고, 그것은 선비에서부터 임금에게까지 동일하게 요구되는 도덕적 명령이었다. 어진 마음으로 백성을 보살피는 '덕치德治'를 행하는 것이야말로 '왕의 도리王道'였다. 소크라테스와 플라톤, 아리스토텔레스 이래로 서양의 고대 철학자들은 정치를 도덕적 이상의 실현을 위한 수단으로 간주했다. 정치 행위는 올바름 또는 도덕에 대한 순수한 의무에서 비롯되어야 한다는 입장을 견지했던 것이다. 그들에게 정치는 행복eudaimonia이라는 최고의 윤리적 선을 추구하는 행위와 맞닿아 있었다.

중세 유럽인들은 플라톤의 이데아론에서 기원하는 정치공동체의 이상에 기독교적 세계관에 기초한 종교적 원리를 결합시켜 현실의 정치 질서와 사회규범을 구축하고자 했다. 하지만 분열과 혼란의 시대를 살았던 마키아벨리에게 국가는 신에 의해 정해진 질서가 아닐 뿐만 아니라 군주에게 도덕성은 좋은 정치를 위한 최고의 미덕이 아니다. 그가 쓴 『군주론Il Principe』(1532년)에 따르면 군주는 좋은 정치를 위해서 때로는 사자처럼 사나워야 하며, 때로는 여우처럼 간교해야 한다. 그리고 모든 국가의 중요한 토대는 적절한 법률과 무력이다.

마키아벨리는 중세에서 핵심적으로 사유되었던 도덕이나 종교와 연관된 덕이나 가치의 차원을 넘어설 수밖에 없는 정치의 현실과 이 영역에서 중심이 되는 권력의 문제를 새롭게 부각시켰다. 마키아벨리 이후 근대 서양인들의 정치적 사유에서 전통적 의미의 도덕성에 대한 가치 부여가 약화된다. 이러한 경향은 특히 토머스 홉스에서 존 로크로 이어지는 영국(잉글랜드)의 자유주의 정치철학 전통에서 두드러졌다. 홉스는 '어떻게 하면 신이 아니라 인간 이성에 기초한 정치 질서를 만들 수 있을까?' 라는 질문에 답하기 위해 고심했고, 그가 제시한 해답의 키워드 는 '공포'였다.

홉스는 1588년 4월 5일, 영국 서남부의 작은 마을 웨스트 포트에서 태어났다. 당시 스페인의 무적함대가 쳐들어온다는 소문이 퍼져 그의 어머니가 공포에 질려 조산을 하게 되었다는 일화가 있다. 홉스는 자신이 공포와 쌍둥이로 태어났다고 회고 했다고 한다. 그는 평온한 어린 시절을 보내지도 못했다. 아버지 는 성공회 목사였지만 주변 사람들과 늘 분란을 일으키다가 홉 스가 열여섯 살이 되는 해에 교회 앞에서 다른 목사와 다툼을 벌 인 후 잠적해버린다. 다행히 부유한 삼촌 프랜시스 홉스의 도움 으로 교육을 받을 수 있었고, 이내 재능을 인정받아 옥스퍼드 대 학에 다니게 된다. 이때 카벤디시 가문에 고용되어 가정교사로 일하게 되는데, 이 인연은 홉스의 일생 동안 이어진다.

홉스는 카벤디시 가문에서 가정교사, 비서, 재정 조언자 역 할을 하면서, 영국 정치의 소용돌이에서 왕당파의 일원으로서 큰 사건이 벌어질 때마다 극심한 공포를 겪게 된다. 가장 대표적인 사건이 왕당파와 의회파 간의 내전 상황에서 의회파가 1649년 에 찰스 1세를 처형한 사건이었다. 이때 홉스는 프랑스로 피신해 있던, 나중에 찰스 2세가 되는 젊은 왕자에게 수학을 가르치고 있었다. 이런 시대적 상황과 회고로 보았을 때, 홉스에게 '공포'라는 것이 왜 자신의 삶을 관통하는 키워드가 되었는지 알 수 있다.

앞에서 언급했듯이 홉스에 따르면 전쟁 상태에서 개인들은 '무질서에 대한 공포'로부터 각자의 안전을 보장하기 위해 공공의 권력을 세워야 할 필요성을 느끼게 된다. 무질서나 군중의 폭력보다는 절대적 권력을 감내하는 편이 더 낫기 때문이다. 그래서 개인들이 자신의 권리를 주권자에게 양도하는 대신 그의 보호를 받기로 '결정'한다. 이렇게 공공의 질서와 만인의 안전을 보장할 정치체계를 구축하기 위해서는 단일하고 강력한 절대권력이 필요하다. 질서를 유지하기 위해서는 모두를 압도하는 권력이 있어야 하기 때문이다. 홉스가 이 절대적인 권력에 붙인 이름이 바로 '리바이어던'이다. 리바이어던은 구약성서의 욥기 제41장에 등장하는 막강한 힘을 가진 바다 괴물이다.

홉스는 그가 자연 상태를 묘사하면서 보여준 개인들의 이기적인 모습으로 인해 서양 철학자 중에서 성악설을 주장한 대표적인 인물로 알려져 있다. 하지만 사실 홉스에게 인간의 본성이 원래 선한지 악한지를 따지는 것은 주된 관심사가 아니었다. 그가 『시민론De Cive』에서 쓴 '인간은 인간에게 늑대homo homini lupus'일 수 있다는 오래된 라틴어 경구만 자주 인용되지만, 홉스는 해당 문장에서 곧바로 '일종의 신일 수 있다는 것 역시 사실' 이라고 덧붙였다. 전자는 상위 권력이 없는 도시국가들 사이에 서 그러하고, 후자는 국가 안에 있는 시민들의 경우이다. 즉 인 간은 어떤 사회적 환경에 놓이느냐에 따라 선한 존재가 될 수도 있고 악한 존재가 될 수도 있다는 것이다. 그래서 어떤 정치적 질서를 수립한 것인가가 정치사상가로서 홉스의 주된 관심사 였다.

앞에서 살펴본 바와 같이 홉스는 전쟁 상태가 될 수밖에 없 는 자연 상태에서 벗어나기 위해 상위의 권력인 리바이어던을 상정함으로써 위계적인 권력 구조를 통해서 질서와 안전을 확 보할 수 있다고 생각했다. 개인들을 도덕적으로 선하게 만들기 보다는 권력을 통한 억제를 통해서 선한 행동으로 이끌 수 있다 고 본 것이다. 그래서 홉스를 질서를 만들고 유지하기 위한 '정 치공학적 접근'의 창시자라고 부를 수 있을 것이다. 이것은 근대 정치의 가장 중요한 특징 중 하나이다.

그런데 이러한 정치와 도덕의 분리로부터 새로운 고민거 리가 나온다. 권력자에게 더 이상 도덕이 강조되지 않는다면, 권 력자의 권력 남용을 어떻게 통제할 것인가? 권력자가 자신에게 위임된 권력을 자의적으로 사용하고 싶은 욕망을 어떻게 억제 할 것인가? 홉스는 권력의 남용이나 자의적 사용에 대해서 크게 경계하지 않았다. 권력이 부재한 상태의 무질서와 공포보다는 한 사람이나 하나의 권력 기구가 권력을 남용하는 것이 더 낫다고 생각했기 때문이다. 이 문제에 대한 해결책은 존 로크와 몽테스키외 같은 후대인에게서 나온다. 그들이 제시한 근대적 해결책은 바로 권력분립, 그리고 견제와 균형이다. 권력을 여러 개로 분할하여 서로 감시하고 견제하게 함으로써 균형을 유지하는 방법이다.

로크는 큰 틀에서 홉스의 사회계약론을 계승하면서도 모든 권한이 집중된 절대 권력의 위험성을 잘 알고 있었다. 그래서 그의 사회계약론은 개인들은 정부에 모든 권한을 양도하지 않고 일부만, 그것도 조건부로 양도하는 것으로 설계된다. 개인의 재산권(생명, 자유, 자산)을 보호해준다는 조건으로 말이다. 만약 정부가 이 조건을 어기고 권력을 남용하거나 자의적으로 사용한다면 개인들은 계약을 철회하고, 양도하지 않고 보유하고 있던 권한을 모아 저항할 수 있다. 이렇게 개인들이 자신의 권한을 일부만 조건부로 양도했기 때문에 저항의 가능성까지 열어놓을 수 있었던 것이다.

이처럼 절대 권력의 위험성을 인지하고 있었던 로크는 불완전한 형태로나마 권력분립론을 제시했다. 그는 국가권력을 입법권, 집행권, 동맹권federative power(외교권)으로 구분했다. 하지만 집행권과 동맹권은 한 기관이 담당해야 하며, 서로 다른 기관에 맡기는 것이 불가능하다고 보았다. 그리고 사법권은 집행권에 포함되는 것으로 여겼다. 그러므로 로크의 권력분립론은 권력 기구 차원에서 보면 입법권과 집행권으로 구분되는 '이권분립론'이라고 할 수 있다. 그리고 그는 권력의 견제와 균형에 관해 언급하기보다는 오히려 입법권의 우위를 강조했다.

현재 우리에게 익숙한 '삼권분립론'은 잘 알려져 있다시피 프랑스의 계몽사상가 몽테스키외Montesquieu(1689~1755)가 제시한 것이다. 귀족 출신인 몽테스키외는 『법의 정신De l'Esprit des Lois』(1748년)에서 전제정치는 어떤 경우에도 나쁜 것이므로 사람들은 그것이 자라나는 것을 저지하기 위해 노력해야 한다고 주장했다. 그에 따르면 전제정치를 저지할 수 있는 가장 확실한 방법은 국민의 자유에 대한 감각이었다. 그리고 그것을 위한 제도적 장치로 제시한 것이 바로 유명한 삼권분립의 원칙이다. 즉 '왕은 집행권만 가지며, 법은 의회만 만들 수 있고, 재판권은 이 양자로부터 완전히 독립적으로 작용해야 한다'는 것이다.

미국에서 이른바 '건국의 아버지들'은 로크와 몽테스키외의 이러한 생각을 적극적으로 받아들였다. 행정부·입법부·사법부의 분리, 연방제, 양원제 등이 그 결과물이다. 미국에서 최초의 근대적 공화국이 세워지고, 이러한 원칙들은 다른 나라로도 확산되었다.

하지만 도덕을 배제한 정치가 좋은 공동체를 만들 수 있을까? 장 자크 루소는 그럴 수 없다고 생각했고, 일반의지 개념을 통해서 스파르타와 로마에 있었던 고대 정치의 공동체적 규범과 결속이라는 도덕적 가치를 복원하고자 했던 것이다. 이때의 도덕은 전통이나 종교적 원리에 기초한 의무가 아니라 이성과 합리성에 기초하여 공동체 안에서 공동의 이익을 추구하는 시민적 덕성civic virtue이다. 그리고 이렇게 공동체적 가치를 강조하는 것은 개인의 자유를 침해하는 것이 아니라 보다 인간적인 자유 또는 도덕적인 자유를 누릴 수 있는 방법으로 제시된다. 공동체의 공동선이나 사회정의를 강조하는 이러한 시각은 20세기 후반에 개인주의적 자유주의와 대비되는 공동체주의communitarianism 흐름으로 이어진다.

09

재산권에 대한
집착과 식민주의

존 로크와 재산권 이론

존 로크는 근대 자연법 이론의 발전에 기여했으며 계몽사상의 중요한 선구자 중 한 명으로 평가받는다. 또한 자유주의와 입헌민주주의 이론이 발전하는 데 크게 기여했는데, 역사적으로는 특히 미국 독립 혁명에 결정적인 사상적 기틀을 제공한 것으로 유명하다.(제6장 참조)

로크는 네덜란드에 망명해 있는 동안 두 편의 논문으로 이루어진 『통치론』을 집필했으며 영국에 돌아온 후 익명으로 출판했는데(1689~1690년), 그의 정치사상은 주로 이 책에 담겨 있다. 이 책에서 로크는 '인간이 국가로 결합하고 스스로를 정부의 지배하에 두는 가장 크고 중요한 목적은 자신의 재산을 보존하는 것'이라고 주장했다. 만약 정부가 이러한 목적에 반하는 행위를 한다면 정부를 교체하는 것을 포함한 시민의 저항은 정당하다. 그는 인간의 기본적 권리로 재산권, 더 정확히 말해서 사적 소유권을 중요시했으며 그 근거를 제시하기 위해 애썼다. 이전의 홉스나 이후의 루소도 모두 개인의 사적 소유권을 인정했지만, 로크는 재산권의 근거를 제시하기 위해 특별히 심혈을 기울였다. 로크가 재산권 이론을 정립하는 데 집착한 이유는 무엇일까?

로크의 재산권 이론은 역사적으로 크게 두 가지의 함의含意가 있다. 첫째는 모든 개인에게 생명, 자유, 자산 같은 기본적인 권리가 있으며, 정부는 이러한 개인의 기본권을 보호하는 역할을 해야 한다는 이론을 제시했다는 점이다. 이러한 논리는 부르주아 계급뿐만 아니라 농민과 노동자가 함께 정치혁명에 참여하는 배경이 되었다. 그런데 만약 한 개인의 생명권과 다른 개인의 자산에 대한 소유권이 충돌한다면 어떤 권리를 더 보호해야 할까? 로크는 이런 상황에 대해 깊이 고민한 것 같지는 않다. 하지만 생명권보다 자산에 대한 소유권(재산권)에 더 관심을 집중한 것은 분명하다. 여기서 로크의 재산권 이론은 부르주아 계층의 이해관계에 부합하는 이론이라는 두 번째 함의가 나온다.

로크의 재산권을 구성하는 요소 중 자산은 농민이나 노동자보다도 그것을 많이 소유하고 있는 부르주아 계급에 더 소중한 가치이다. 따라서 혁명의 시대 이후 현재까지도 재산권 보호는 주로 부르주아 계급을 위한 논리로 작동하고 있다. 이런 관점에서 로크의 재산권 이론에 대해 두 가지의 비판적 시각을 제시할 수 있을 것이다. 첫 번째는 로크의 재산권 이론이 당시 발흥하던 부르주아 계급의 정치·경제적 이익을 대변한다는 점이고, 두 번째는 아메리카에서 유럽인과 식민지인이 영역을 확장하면서 원주민이 사용하던 토지에 대한 점유권을 주장하기 위한 이론이라는 점이다.

존 로크는 1632년 8월 29일 영국 남서부의 서머싯 주에 있는 링턴이라는 작은 마을에서 태어났다. 그의 가족은 신흥 부르주아 계급에 속했다. 로크가 열 살이었을 때, 그의 아버지는 국왕 찰스 1세(스튜어트 왕조)의 왕당파에 대항해 싸웠던 올리버 크롬웰Oliver Cromwell(1599~1658)의 의회군 장교가 되었다. 의회파와 왕당파의 내전(청교도혁명, 1642~1649년)은 외면적으로 청교도와 영국 국교 추종자 간의 종교전쟁 양상을 띠었지만, 실제로는 절대군주의 전제에 대항하는 정치투쟁이었다. 이 전쟁에서 크롬웰의 의회파가 승리했고, 찰스 1세는 1649년 1월 30일 런던의 화이트홀 궁전 연회장에서 처형되었다. 당시 열일곱 살이었던 로크는 명문 웨스트민스터 학교에 다니고 있었다.

옥스퍼드 대학교에서 의학사 학위를 받은 로크는 1668년에 간 종양 제거 수술로 앤서니 애슐리 쿠퍼Anthony Ashley Cooper (1621~1683) 경의 목숨을 구하면서 그의 주치의이자 비서로 일하게 된다. 훗날 샤프츠베리 백작Earl of Shaftesbury이 된 애슐리

경은 휘그당*을 대표하는 인물이었다. 1671년에 로크는 샤프츠베리가 북아메리카의 캐롤라이나 식민지에 갖고 있던 영지를 관리하는 임무를 맡았고, 캐롤라이나 정부의 헌법을 기초하는 데 관여하기도 했다. 1673년에는 '무역 및 플랜테이션 위원회'의 국가 서기관으로 일하면서 잉글랜드 정부의 식민지 건설과 경영에도 복무했다. 이러한 북아메리카 식민지와 관련된 경험은 그의 이론적 작업에 중요한 배경이 된다. 예컨대 유럽에서 건너온 이주민이 아메리카 식민지에 처음 도착해서 새로운 정치 질서를 만든 역사는 그의 사회계약론에서 자연 상태의 개인이 자발적 동의에 기초한 계약을 통해 국가를 건설하는 과정으로 이론화되었다고 할 수 있다.

당시 북아메리카는 동해안에 밀집되어 있던 잉글랜드 식민지가 서쪽으로 점차 확장하면서 원주민과의 갈등이 심화되고 있었다. 백인들이 울타리를 치고 농장을 확대하자, 넓은 영역에서 주로 사냥이나 채취로 생계를 이어가던 원주민들이 강력하게 저항한 것이다. 토지를 둘러싼 원주민들과의 갈등 한가운데에서 로크는 잉글랜드 식민지인의 권리를 이론적으로 정당화할

---

* '휘그'와 '토리'라는 명칭은 원래 1679년 요크 공작(훗날의 제임스 2세)을 왕위 계승권에서 배제하려는 왕위 계승 배제 법안을 둘러싸고 의회 내 찬성파와 반대파 간에 주고받은 경멸적인 말이었다. 휘그Whig는 스코틀랜드 게일어로 '말 도둑'을 뜻하는 단어인데, 왕위 계승권 배제파에 적용되었다. 토리Tory는 아일랜드어로 불법적인 가톨릭교도를 뜻했는데, 로마 가톨릭교도인 제임스의 왕위 계승권을 지지하는 사람들을 그렇게 불렀다.

필요가 있었다. 또한 개인적으로도 식민지에 상당한 투자를 했기 때문에 이해관계를 갖고 있었다. 따라서 그의 정치사상에서 아메리카 문제는 매우 중요한 부분을 차지하지 않을 수 없었다.

이론적인 차원에서 볼 때, 로크의 재산권 이론은 주로 네덜란드의 자연법 사상가 휴고 그로티우스Hugo Grotius(1583~1645)의 재산권 이론에 대한 왕당파의 비판을 반박하면서 그 이론을 보완하고 발전시킨 것이다. 그로티우스에 따르면 신은 지상의 모든 동식물을 인간에게 주었기 때문에 지상의 모든 것을 인간이 공동으로 소유했다. 하지만 시간이 지나면서 그러한 원시적 공유 형태가 불편해지자 인간들 간의 상호 합의에 의해 사유재산이 발생했다는 것이다.

이 같은 견해에 대해 왕권신수설을 옹호한 왕당파의 로버트 필머는 다음과 같은 세 가지 측면에서 강력하게 비판했다. 첫째, 신이 어떤 상황에서는 재산의 공유를 명하고 다른 상황에서는 사적 소유를 허용했다는 것은 서로 모순된다. 둘째, 전체 인류 또는 특정 장소의 인간들이 함께 모여서 공유재산을 분할하는 데 만장일치로 합의하는 것이 역사적으로 가능한가. 셋째, 설사 특정 시기에 모든 인간이 만장일치로 합의했더라도 그 합의가 후대의 자손들까지 구속할 수 있는가. 필머를 비롯한 왕당파는 왕권신수설과 가부장권론에 입각하여 영토 내의 모든 재산은 군주에 귀속되고 신민의 재산권은 단지 군주의 시혜에 따라 존재할 뿐이므로, 군주는 신민의 동의 없이 그들의 재산을 임의로 처분할 수 있다고 주장했다. 그로티우스는 재산권의 기원을 왕의 시혜가 아니라 인민의 합의로부터 도출하고자 했지만 필머의 비판으로 취약성이 드러난 것이다.

그래서 로크는 재산권이 자연권으로서 시민사회가 형성되기 이전부터, 즉 자연 상태에서 자연권의 형태로 존재한다는 것을 보여주고자 했다. 그로티우스는 토지의 사적 소유권을 경작과 관련시켰는데, 로크는 노동 개념을 사용하여 그 논리를 보다 정교하게 만들었다. 로크는 그로티우스와 마찬가지로 인간이 이 세계를 신으로부터 공동으로 부여받았다고 생각했다. 어느 누구도 본래적으로 그 어떤 것에 대해 타인을 배제할 권리를 갖고 있지 않다는 것이다. 이렇게 신이 이 세계를 공동 소유물로 준 것은 인간이 신으로부터 부여받은 생존의 권리이다. 그런데 이 생존의 권리를 충족하려면 개인이 그것을 전유專有할 수 있어야 한다. 그리고 이 전유는 자연에 사람의 힘, 즉 노동을 가함으로써 가능하다.

노동이 그 노동을 수행하는 사람의 소유라는 점은 의심할 여지가 없다. 산에 열려 있는 과일은 공동의 것이지만 누군가가 노동을 가해서 그것을 딴다면 그 과일은 그 사람의 것이 된다. 숲에 있는 야생 토끼는 공동의 소유이지만 누군가가 그것을 사냥해서 포획한다면 그 토끼는 사냥꾼의 소유가 된다. 토지는 신이 인간에게 준 공유물이지만, 누군가가 그 토지를 일구고 경작한다면 그것은 그 일을 한 사람의 소유가 된다. 경작이라는 노동을 통해 토지의 생산능력을 높이고, 그 결과 이 세상을 더욱 풍요하게 만들므로 경작을 한 사람이 토지에 대한 소유권을 가질 수 있다는 것이다. 로크는 같은 면적의 잉글랜드 토지가 아메리카 토지에 비해 열 배 이상의 생산성을 갖고 있는 것은 이런 노동 행위 때문이라고 생각했다.

그러나 로크는 단지 노동만으로 토지에 대한 사적 소유권이 얻어진다고 생각하지 않았다. 울타리 치기를 통한 배타적 소유를 필요로 한다고 보았다. 울타리를 쳐서 땅이 전유되지 않은 상태에서의 공동 경작은 인간에게 유용한 가치를 창출하지 않는다고 주장했다. 로크가 토지에 대한 소유권을 주장하려면 울타리 치기를 통한 전유가 필요하다고 한 것은 아메리카 원주민이 사용하던 토지에 대해 식민지인이 소유권을 주장하는 근거로 삼을 수 있었기 때문이다. 전유가 재산권의 기초이므로, 집단으로 공동 경작을 하는 원주민은 그 토지에 대한 배타적인 권리를 주장할 수 없었다. 유럽적인 농업 형태를 받아들이지 않는 한 토지에 대한 권리를 가질 수 없었던 것이다.

더 나아가 로크는 기존에 사용하고 있던 토지에 대한 원주민의 권리를 부정하는 논리를 만들어냈다. 그는 아메리카의 버려지고 비어 있는 광대한 땅에 대해 자주 언급하는데, 이렇게 방치된 땅은 다른 사람의 노동과 울타리 치기를 통해 재전유가 가능하다. 그것을 경작하려는 사람의 소유가 될 수 있다는 것이다.

문제는, 그 땅이 과연 원주민에게도 '방치된' 땅이었는가 하는 점인데 로크는 전유의 조건으로 두 가지를 들고 있다. 하나는 울타리를 쳐서 전유하고도 충분한 땅이 남아 있어야 한다는 것이고, 다른 하나는 그 땅에서 생산되는 것이 썩을 만큼 남아서는 안 된다는 것이다. 첫 번째 조건은 당시 아메리카의 경우 인구에 비해 땅이 넓었으므로 별로 문제되지 않는다. 문제는 두 번째 조건이다. 이 조건이 의미하는 바는 만약 원주민이 자기들이 공동 소유하고 있는 땅에서 생산물이 썩을 정도로 많이 얻게 된다면 이 조건을 넘어선다는 것이다. 그런 경우 그 땅은 다른 사람에 의해 전유될 수 있다. 다시 말해 그 땅의 풀이 그대로 시들어 썩는다거나, 따지 않은 과일이 땅에 떨어져 썩는다면 그것은 '버려진 땅'으로 간주할 수 있고, 따라서 다른 사람이 전유할 수 있는 조건이 된다. 결국 원주민이 여러 세대를 이어가며 사냥과 채집을 위해 사용해온 넓은 영토에 대해서도 식민지인이 울타리를 치고 경작지로 만들기만 하면 소유권을 주장할 수 있게 되었다.

그렇다면 잉글랜드 식민지인은 이 제한 조건을 어떻게 피할 수 있을까? 그것은 화폐를 통해서이다. 화폐를 매개로 다른 지역과 통상을 함으로써 생산물을 썩히지 않고 다른 사람들도 이용하게 할 수 있다. 그러므로 그 조건은 원주민의 토지 소유권만 부정할 뿐 잉글랜드 식민지인에게는 적용되지 않는다. 결과적으로 식민지인만 아메리카에서 대규모의 토지를 전유할 수 있는 권리를 갖게 되는 것이다. 그리고 화폐라는 수단을 통해 무한정한 자본 축적도 가능해진다.

아메리카 원주민에 대한 차별적인 태도는 잉글랜드와 아메리카의 공유지에 대한 그의 다른 태도에서도 여실히 드러난다. 그는 아메리카의 공유지는 원래 신이 인류에게 공동으로 준 것으로 여겼다. 따라서 조건만 맞는다면 누구나 울타리를 치고 전유할 수 있다. 반면에 잉글랜드 본토의 공유지는 일군의 사람들 사이의 계약의 산물로 간주한다. 잉글랜드에서는 그것이 모든 인류에게 공유되는 것이 아니라 어떤 지역이나 교구 사람들만의 공유라는 것이다. 따라서 그것은 아메리카에서의 경우와 달리 아무나 함부로 전유할 수 없다. 그러므로 로크의 재산권 이론이 아메리카 식민지에서 원주민을 토지에서 원천적으로 분리시키는 중요한 근거로 이용된 것은 자연스러운 일이었다. 원주민이 사냥을 하기 위해 잉글랜드인이 만든 울타리를 넘거나 파괴하는 것은 잉글랜드인의 사유재산권을 침해하는 행위로서 제재를 받아야 한다. 결국 존 로크는 북아메리카에서 19세기 말까지 지속된 원주민 배제와 학살의 이론적 근거를 제공한 셈이다.

재산권에 대한 집착과 식민주의

10

민주주의인가, 전체주의인가

장 자크 루소와 국가주의

스위스의 제네바에 가면 기차역 바로 앞에 레만 호라는 커다란 호수가 있다. 호수 중앙에는 루소 섬 이라는 작은 섬이 있는데, 그곳에 장 자크 루소의 동상이 세워져 있다. 1835년에 프랑스의 조각가 자메 프라디에James Pradier 가 만든 동상이다. 루소는 1712년 6월 28일 그곳 제네바에서 태어났다. 제네바는 16세기 중반에 종교개혁가 장 칼뱅Jean Calvin(1509~1564)이 주로 활동한 곳이었다. 그때부터 프랑스에서 위그노Huguenot라고 불렸던 칼뱅파 개신교도들이 종교적 박해를 피해 이곳으로 몰려들었다. 제네바가 시계로 유명해진 것은 이곳으로 피신한 위그노들 중에 시계공이 많았기 때문이다. 루소의 아버지도 시계공이었다.

루소는 자신이 제네바 공화국의 시민임을 평생 자랑스러워했다. 당시 제네바는 인구 2만 명 정도의 독립적인 도시국가였다. 루소가 출생한 당시 제네바 사회는 다섯 개의 신분으로 엄격하게 나누어져 있었고, 몇몇 가문이 전체를 지배하고 있는 상태였다. 루소는 그런 제네바를 고대 그리스의 스파르타와 함께 이상적인 정치 모델로 생각했다. 이는 몽테스키외나 볼테르 Voltaire(1694~1778)를 비롯한 18세기의 계몽사상가 대다수가 영국을 이상적인 정치 모델로 삼은 것과는 근본적으로 다른 점이다. 그 외에도 루소는 18세기의 사상가들과 다른 점이 많고, 자신의 저작 안에서도 모호하거나 매끄럽게 연결되지 않는 내용이 많다. 서른여덟 살에 쓴 첫 번째 저서 『학문예술론』(1750년)에서 그는 학문과 예술이 인간을 도덕적으로 만들지 못하며 문명이 인류를 타락시킨다고 주장했다. 이는 18세기 계몽사상가들의 낙관적인 진보 사관과 근본적으로 배치되는 것이다. 그래서 루소는 역사상 최초로 (근대가 시작되자마자) 근대를 비판한 사상가로 평가되기도 한다.

루소가 『인간 불평등 기원론』에서 묘사한 자연 상태는 '원자론적 개인주의'를 제시했다고 평가받는 홉스의 그것보다도 더 개인주의적이다. 루소의 자연 상태에서 개인은 다른 사람에게 의존할 필요가 없는 완전히 독립적인 존재이다. 그는 인간이 점차 다른 사람과 접촉하게 되면서 이웃과 교제하는 생활 방식이 생겨나고 사회가 형성되었다고 생각했으며, 이 초기 형태의 사회를 인류의 황금기로 보았다. 그러나 다른 사람과의 접촉으로 여러 가지 감정이 발달하면서 사랑과 함께 질투가 생겨났으며, 자신의 능력과 성취물을 타인의 그것과 비교하면서 불평등과 악이 생겨났다고 주장했다(인간 불평등의 기원이 사적 소유에 있다는 루소의 주장은 19세기 사회주의자들에게 영감을 주었다). 이후 사유재산을 보호하기 위한 법과 정부가 만들어짐으로써 불평등은 더욱 심화되었고, 이렇게 등장한 시민사회는 기존의 소유권을 적법한 것으로 만들어 가난한 이들을 계속 무소유 상태로 만들었다고 설명한다. 루소는 이렇듯 정당하지 못한 최초의 사회계약을 파기하고 새롭고 정당한 사회계약을 맺어야 한다고 주장했다.

그렇다면 새로운 사회계약은 어떤 형태여야 할까? 우리는 위의 논리로부터 생산수단의 공유를 핵심으로 하는 사회주의, 아니면 권력이 매우 제한되거나 분산된 정부 형태 또는 아나키즘을 떠올려볼 수 있다. 그러나 루소는 『사회계약론』에서 사적 소유권과 정치적 불평등을 인정한 뒤 국가주의로 나아간다. 그는 이 책의 앞머리에 다음과 같이 썼다. '인간은 자유롭게 태어나지만 도처에서 쇠사슬에 묶여 있다.'(『사회계약론』 제1권 1장) 그런데 이러한 진술은 어떻게 하면 '쇠사슬'이 사라질 수 있는지, 또 어떻게 정치사회에서 자연적 자유가 회복될 수 있는지를 보여주고자 한 것이 아니다.[1]

자연적 자유의 상태는 어떠한 외부의 강제가 전혀 없는 상태이지만 정치사회는 강제를 필요로 한다. 여기서 루소는 쇠사슬을 어떻게 끊어낼 것인가를 고민하기보다 '새롭게' '정당한' 강제를 행사하는 정치권력을 세워야 할 필요성을 이끌어낸다. 루소는 국가에 필요한 강제가 어떻게 하면 정당할 수 있는지, 그래서 더 이상 자연적이지는 않지만 그것을 본질적인 인간의 자유와 어떻게 양립시킬 수 있는지 그 해법을 찾고자 한다. 『사회계약론』 제1권 6장에서 루소는 '각자가 전체와 결합하지만 그 자신에게만 복종하는, 그리고 여전히 이전만큼이나 자유로운' 상호적인 보호 시스템을 어떻게 세울 수 있을지 연구하고자 한다고 말했다. 결국 루소의 사회계약은 인민을 주권자로 만드는 대신에 국가의 '일반이익'을 위해 사실상 각자의 개인적인 자유를 포기하도록 이끈다.

이처럼 루소는 『인간 불평등 기원론』에서 언급한 '정당하지 못한 최초의 사회계약'을 파기하고, 『사회계약론』에서는 시민사회나 국가가 참된 사회계약에 근거하면 인간은 자연 상태에서 누리던 자유를 희생하는 대신에 더 나은 자유, 즉 스스로 참여하여 형성한 일반의지에 복종함으로써 참된 정치적 자유를 얻을 수 있다고 주장한다. 『사회계약론』에 따르면 개인은 자신의 권리는 물론 존재 자체를 공동체(국가)에 양도함으로써 서로의 평등을 확보하고 특권자는 소멸하게 된다. 그 유일한 지배자인 국가의 의지를 루소는 '일반의지'라고 불렀다. 루소는 모든 개인의 평등하고 완전한 권리 양도에 따라 국가와 개인은 투명한 의사소통을 통해 동일성을 보증받으므로 일반의지는 또 하나의 '자신', 즉 자신의 존재를 확인시켜주는 자신이라고 설명한다. 따라서 일반의지에 복종한다는 것은 곧 자신에게 복종하는 것이므로 국가와 개인의 이해가 일치한다는 것이다.

루소의 일반의지는 한국의 정치인들이 자주 사용하는 '국민의 뜻'이라는 말과 상당히 유사하다. 정치인들은 자주 '국민의 뜻'에 따른다고 말하지만, 그것이 무엇인지를 명확히 확인할 수 없으므로 그에 대한 해석은 늘 자의적이다. 루소의 일반의지도 현실에서 구체적으로 어떻게 확인할 수 있을지 의문이다. 투표로 확인되는 그나마 명확한 수(數量)의 문제가 아닐 뿐만 아니라 과연 몇 퍼센트가 동의해야 일반의지로 간주할 수 있을지도 모호하다. 루소는 그것이 정당하기만 하다면 다수 또는 소수, 심지어 개인의 의사일 수도 있다고 본다. 게다가 이러한 일반의지는 언제나 옳고 언제나 공적 이익을 추구하므로 오류가 있을 수 없다고 단언한다. 그래서 루소는 다음과 같은 극단적인 생각까지 서슴없이 표현할 수 있었다.

시민은 법에 의해 위험을 무릅쓰기를 요구받았을 때 그 위험에 관해 왈가왈부할 수 없다. 그리고 통치자가 시민에게

'너의 죽음이 국가에 도움이 된다'고 하면 시민은 죽어야 한다. 왜냐하면 오로지 이런 조건에서 그는 지금까지 안전하게 살아왔고, 또 그의 생명은 비단 자연의 혜택만이 아니라 국가가 준 조건부 선물이기 때문이다.

－『사회계약론』 제2권 5장

사회적 권리를 침해하는 악인은 모두 그 범죄 때문에 조국에 대한 반역자, 배신자가 되는 것이다. 그는 법을 침해함으로써 조국의 일원이기를 그만두고, 또 조국에 대해 전쟁을 일으키게 되는 것이다. 그러므로 국가의 보존과 그 자신의 보존은 양립할 수 없는 것이 된다. 둘 중 하나는 멸망해야 한다.

－『사회계약론』 제2권 5장

　루소에게 전체주의의 혐의를 두게 하는 또 하나의 단서는 그가 정치사회적 분파를 인정하지 않았다는 점이다. 그는 오로지 개인과 국가만 존재해야 한다고 보았고 중간 사회집단을 부정했다. 중간 단계의 정치사회적 집단이 형성되면 각각 자기가 속한 집단의 특수 의지를 고수할 것이기 때문에 일반의지 형성에 장애가 된다고 본 것이다.
　앞에서 언급했듯이 그의 정치사상과 일반의지 개념에 인민주권과 민주주의의 요소가 포함되어 있기 때문에 흔히 루소는 '민주주의의 아버지'로 일컬어진다. 하지만 그는 하나의 정치체제로서의 민주정에 대해 상당히 모호한 입장을 취했다. 먼저 그는 18세기의 다른 근대적 사상가들과 달리 대의제代議制에 대해 분명하게 반대하는 입장이었다. 그는 『사회계약론』에서 다음과 같이 썼다.

> 주권이 양도될 수 없는 이유와 동일한 이유로 주권은 대표될 수 없다. 주권의 본질은 일반의지에 있는데, 일반의지는 대표될 수 없기 때문이다. 일반의지는 그 자체이거나 다른 어떤 것이거나 둘 중 하나일 뿐 다른 가능성은 없다. 그러므로 인민에게서 권한을 위임받은 사람은 인민의 대표가 아니고 대표일 수도 없으며 단지 인민의 대리인일 뿐이다. 따라서 그들은 최종 결정을 할 수 없다. 인민이 직접 승인하지 않은 어떠한 법도 무효이다. 그것은 법이 아니다.
>
> ─『사회계약론』제3권 15장

이 인용문을 보면 마치 루소가 대의제를 비판하면서 고대 아테네에서 시행했던 것과 같은 직접민주주의를 옹호하는 것처럼 보인다. 하지만 그는 페리클레스 시대의 고전적인 아테네 민주주의를 가리키는 엄밀한 의미의 민주주의에 대해 언급하

민주주의인가, 전체주의인가

면서 '진정한 민주주의는 이제까지 존재하지 않았고, 앞으로도 존재하지 않을 것이다. 다수가 통치하고 소수가 통치를 받는다는 것은 자연의 질서에 어긋난다'라고 썼다.(『사회계약론』제3권 4장) 그는 아테네 민주주의에 부정적이었고, 아테네보다는 군주정·귀족정·민주정의 요소를 혼합한 정치체제였던 스파르타를 동경했다.* 이처럼 루소는 직접민주주의와 대의민주주의 사이에서 분명한 입장을 보여주지 못하고 있다.

루소는 프랑스 혁명(1789년)이 발발하기 11년 전인 1778년에 사망했지만, 일반의지라는 보편적 이상에 따라 사회를 통제해야 한다는 그의 정치사상은 프랑스 혁명을 주도한 막시밀리앙 드 로베스피에르Maximilien de Robespierre(1758~1794)와 그가 이끈 자코뱅 클럽의 산악파에 계승되었다. 로베스피에르는 자신을 '루소의 아들'이라고 칭할 정도로 루소의 열렬한 계승자였다. 그는 루소의 '덕, 평등, 인민의 일반의지'를 내세우면서 그에

---

* 고대 스파르타에는 유력한 두 가문에서 각각 배출하는 두 명의 왕이 존재했고, 30세 이상의 모든 시민이 참여할 수 있는 민회Apella가 있었다. 매년 민회에서 선출하는 다섯 명의 집정관ephoroi이 국정 운영 전반에 영향력을 행사했다. 민회가 60세 이상의 스파르타 시민 중에서 선출한 스물여덟 명의 원로와 두 명의 왕으로 구성된 원로원gherusia이 민회에 법안을 제출하는 역할을 담당했다. 스파르타는 소수의 시민이 다수의 노예 계급heilotai을 지배하는 구조였기 때문에 반란을 막기 위해 모든 시민을 정예 전사로 육성해야 했다. 오늘날 '스파르타식 교육'이라는 이미지는 여기에서 기인한 것이다. 왕을 포함한 모든 스파르타 남성은 열다섯 명이 1개 조가 되어 공동 식사syssitia를 했다. 그들은 토지를 균등하게 분배받았기 때문에 '평등한 사람들homoioi'이라고도 불렸다. 루소는 스파르타가 이처럼 강력한 공동체적 결속을 바탕으로 시민 전체가 평등한 관계였던 것을 선망한 듯하다.

반하는 악, 특권, 일탈을 감시하고 말살해야 한다고 주장했다. 상퀼로트sans-culotte(귀족이 입던 퀼로트를 입지 않고 긴 바지를 입은 민중 세력) 의 지지를 얻어 국민의회에서 지롱드파를 밀어내고 권력을 장악한 로베스피에르와 산악파는 루소의 정치사상을 '공포정치 Terreur'라는 형태로 현실에 구현했다. 그들은 혁명을 완수하고 반혁명을 막는다는 명분으로 사람들의 자유를 제한하고 폭력을 정당화했다.

공포정치 기간에 약 50만 명이 반혁명 혐의로 체포되었고, 1만 6,000여 명이 혁명재판소에서 사형선고를 받고 처형되었다. 재판 없이 죽은 사람의 수를 포함하면 처형된 사람은 모두 4만 명에 이를 것으로 추산된다. 그렇게 단두대에서 처형된 사람들 중에는 혁명 직후 공교육위원회 위원장으로서 혁신적인 근대 공교육 제도를 마련한 마르키 드 콩도르세Marquis de Condorcet (1743~1794), 자코뱅 클럽 내에서 가장 급진적인 분파인 상퀼로트의 지도자였지만 무차별적인 처형에 반대한 자크 르네 에베르Jacques René Hébert(1757~1794), 혁명 기간에 여성에게도 참정권을 부여하라고 외친 올랭프 드 구즈Olympe de Gouges(1748~1793) 도 있었다.

Bastille Saint-Antoine, Bastille de Paris

제2부 **혁명의
시대**

POLITICS

11

재산권을 둘러싼
투쟁

17~18세기 시민혁명의 원인

우리가 살고 있는 세계의 정치 질서를
이끌어낸 근대 시민혁명으로 17세기 중·후반의 영국 혁명(청교
도혁명과 명예혁명), 18세기 말에 일어난 미국 독립 혁명과 프랑스
대혁명을 꼽는다. 이 혁명들을 거치면서 계몽사상에서 사회계
약론으로 이어진 새로운 정치적 아이디어가 현실에서 구현되
기 시작했다. 그러나 혁명 과정에서 선언된 여러 원칙과 아름다
운 수사의 이면에는 혁명을 주도한 세력의 현실적인 이해관계
와 권력이 작동하고 있었다.

17~18세기에 잉글랜드, 아메리카, 프랑스에서 시민혁명
이 발발하게 된 데는 그럴 만한 공통적인 배경이 있었다. 그것은
바로 신흥 부르주아 계급이 주도한 재산권 투쟁이다. 3대 근대

시민혁명은 모두 국왕과 의회 세력의 대립에서 시작되었고, 가장 큰 쟁점은 과세 문제였다. 당시 국왕이 부과하는 세금은 의회 세력의 입장에서 볼 때 세금이 면제되는 특권 세력(귀족)을 제외한 국민들의 재산권을 침해하는 행위였다.

17세기 영국(잉글랜드)에서는 절대왕정 체제 속에서 여러 세력이 대립하고 있었다. 왕과 의회의 갈등이 항상 내재되어 있었고 귀족과 젠트리gentry(토지를 소유한 중간계층), 중소 상공인, 그리고 국교도 세력과 개신교계 비국교도 세력, 가톨릭 세력이 서로 복잡하게 얽혀 대립하고 있었다. 초기 의회는 왕의 필요에 의해 소집되었는데 웨일스, 스코틀랜드, 프랑스와의 전쟁 자금을 마련하기 위한 광범위한 과세가 그 목적이었다. 이렇게 소집된 의회는 국왕에게 재정적 지원을 했을 뿐만 아니라 국왕이 대귀족을 견제하는 기능을 담당했다. 그런데 잦은 전쟁으로 인해 더 많은 자금이 필요해지자 의회의 영향력은 국왕의 통제를 넘어서기 시작했다.

왕권신수설을 주장한 제임스 1세의 뒤를 이은 찰스 1세는 선대 국왕의 정책을 더욱 강하게 밀어붙였다. 특히 왕권을 수호하기 위해 강력한 상비군을 조직하려 했으며, 스페인 등 주변국과 전쟁을 지속하면서 전쟁 자금을 충당하기 위해 국민들에게 많은 세금을 부과했다. 이 때문에 의회와의 대립은 더욱 격화되어갔다. 찰스 1세는 의회가 협조하지 않자 강제로 이를 차용했다. 그러자 의회는 왕의 과세에 동의하는 대신 의회의 동의 없이 국왕이 세금을 거둘 수 없다는 조항을 포함한 「권리 청원Petition of Right」(1628년)을 국왕에게 제출했다.

의회의 요구에 찰스 1세는 어쩔 수 없이 동의했지만 이듬해인 1629년에 갑자기 의회를 해산하고 아홉 명의 의원을 체포했다. 찰스 1세는 엄격한 국교회 의식을 스코틀랜드의 장로교에까지 확대시키려 했는데, 이 때문에 1640년 장로교도들이 반란을 일으켰다. 반란을 진압하기 위해 자금이 필요해지자 찰스 1세는 11년 만에 의회를 소집하여 전쟁 자금을 요청했다. 그러나 의회는 왕의 요구를 단호히 거절하며 왕권을 제한하고 의회를 강화시키는 일련의 작업을 추진했다. 이에 격분한 왕은 친위 부대를 파견해 주모자를 체포하려 했다. 결국 1642년 8월 왕당파와 의회파 사이에 전쟁이 발발했다. 내전 초기에는 전세가 왕당파에 유리하게 전개되었으나 젠트리 출신의 올리버 크롬웰이 지휘한 군대가 맹활약하면서 의회파가 승리를 거두었다. '영국 내전'이라 불리는 이 전쟁은 의회파가 대부분 영국의 칼뱅파인 청교도였기 때문에 '청교도혁명' 또는 크롬웰이 주도한 혁명이라는 뜻에서 '크롬웰 혁명'이라고도 불린다.

크롬웰이 죽은 후 그의 아들이 호국경護國卿(혁명정권의 최고 행정관으로, 독재에 가까운 권력을 휘둘렀다) 자리를 물려받았지만 인민들의 불만이 커져가는 와중에 세력을 회복한 왕당파가 1660년 프랑스에 망명해 있던 찰스 2세를 왕위에 추대함으로써 왕정이 복고되었다. 왕이 된 찰스 2세는 시간이 흐르면서 전제군주정으로 돌아가기 위한 행보를 이어갔다. 이 과정에서 프랑스의 군사적 지원을 받는 대신에 가톨릭으로 개종하기로 약속하고, 가톨릭교도에 유리한 정책을 추진하면서 종교 문제를 둘러싼 왕과 의회의 갈등이 지속되었다. 1685년 찰스 2세가 사망하고 제임스 2세가 즉위하자, 가톨릭교도인 제임스 2세의 왕위 계승권을 놓고 의회에서 격렬한 논쟁이 벌어졌다. 지주 계급과 국교회를 대표하는 토리당은 제임스 2세를 지지했고, 상공인과 개신교계 비국교도를 대표하는 휘그당은 그를 배척해야 한다고 주장했다. 제임스 2세는 처음에 신앙의 자유를 허용하고 영국 국교회의 특권을 인정하여 토리당의 지지를 받았지만, 얼마 지나지 않아 가톨릭 부흥 정책을 시행하면서 토리당마저 등을 돌리게 되었다.

결국 1688년 토리당과 휘그당이 연합하여 왕(제임스 2세)의 딸인 메리와 그녀의 남편인 네덜란드 총독 오렌지 공(윌리엄 3세)을 공동 국왕으로 추대했다. 메리와 윌리엄은 아무런 저항도 받지 않고 영국에 상륙했고, 제임스 2세는 프랑스로 망명했다. 이것이 바로 그들 스스로 '명예혁명Glorious Revolution'이라고 부르는 사건이다. 명예혁명은 서양에서 가장 먼저 의회 세력이 연합하여 군주에 대한 우위를 차지함으로써 입헌군주제를 확립

제2부 혁명의 시대

한 혁명이다. '보수주의의 아버지'로 일컬어지는 에드먼드 버크 Edmund Burke(1729~1797)는 명예혁명이 새로운 질서의 구축이 아니라 예전에 잃어버린 권리를 되찾은 개혁이었다고 평가 절하했다. 명예혁명은 왕정을 무너뜨리고 공화정을 세운 크롬웰 혁명에 비해 보수적이었지만 왕권을 제한하고 의회의 동의를 제도화했다는 점에서 영국뿐 아니라 서양의 정치 발전에 중요한 전환점을 이룬 것은 사실이다.

한편 미국에서 독립 혁명이 발발하게 된 배경도 경제적인 문제였다. 영국은 프랑스, 신성 로마 제국, 러시아 제국 등과 벌인 7년 전쟁(1756~1763년)으로 부채가 급증하여 재정난에 빠졌고, 식민지에 대한 과세를 통해 재정난을 극복하려 했다. 영국은 7년 전쟁의 승리로 캐나다, 플로리다, 미시시피 강 동쪽 아메리카 원주민의 영토 등을 새로운 식민지로 확보할 수 있었지만 막대한 전쟁 비용으로 인해 재정이 고갈될 지경에 이르렀다.

7년 전쟁 기간에는 영국 본국과 아메리카 식민지의 관계가 돈독했다. 7년 전쟁의 전장 중 하나였던 북아메리카에서 영국과 프랑스가 맞붙은 이른바 프랑스-인디언 전쟁에서 식민지인은 영국 편에서 함께 싸웠다. 그러나 전쟁 후 영국이 아메리카 식민지에 대해 차별적인 정책을 펼치자 갈등이 증폭되었다. 식민지인의 불만을 촉발시킨 계기는 크게 세 가지의 정책이었다.

첫째, 대영제국은 다른 곳에 손해를 입히더라도 제국에 이익이 된다면 무엇이든 좋다는 중상주의적 정책의 일환으로 항해법을 제정해 아메리카 식민지의 경제를 규제했다. 아메리카 식민지에서 이러한 정책은 한동안 유명무실했지만 점차 강력히 추진되어 식민지와 영국 간의 갈등이 증폭되었다.

둘째, 1763년 조지 3세는 애팔래치아 산맥을 경계로 그보다 서쪽에 있는 땅을 개척하거나 구입하는 것을 금지하는 포고문을 발표했는데, 이는 프랑스-인디언 전쟁을 포함한 7년 전쟁 이후 재정이 고갈된 영국 정부가 더 이상의 전쟁을 원하지 않았기 때문에 아메리카 원주민과 식민지 이주민 간의 갈등을 막으려는 조치였다. 그러나 서부로의 확장을 강력히 원하는 식민지인에게 영국 정부의 정책은 강력한 반감을 불러일으켰다.

셋째, 영국은 식민지에 더 많은 세금을 부과함으로써 막대한 재정 적자를 충당하려 했다. 영국은 설탕세법(1764년), 인지세법(1765년), 타운센드 법(1767년) 등을 통해 새로운 과세 제도를 만들었다. 특히 문제가 된 것은 인지 조례였는데, 식민지에서 유통되는 모든 인쇄물에 3페니의 인지를 붙여야 한다는 것이 핵심 내용이었다. 이러한 과세는 식민지 대표자들의 의견 수렴조차 없이 영국 의회 단독으로 이루어졌고, 식민지인은 이러한 상황을 식민지 자치 및 식민지인의 권리에 대한 중대한 도전으로 간주했다. 그래서 식민지인이 내세운 슬로건이 그 유명한 '대표 없이 과세 없다'였다.

식민지인의 거센 반발로 1766년에 인지세법은 철폐되었지만, 본국과 식민지의 관계가 더욱 악화되어가는 와중에 1773년 12월 '보스턴 차 사건Boston Tea Party'이 일어나면서 양측은 대결 국면으로 접어들었다. 1774년 9월 필라델피아에서 식민지 대표 56명이 참석한 제1차 대륙회의가 열렸다. 식민지 대표로는 초대 대통령이 된 조지 워싱턴, 제2대 대통령 존 애덤스 등이 있었다. 이 회의는 영국의 식민지 정책에 항의하기 위해 영국 상품 불매 운동을 결의했다.

영국으로부터 독립을 선언해야 한다는 논의에 불을 붙인 것은 1776년 1월에 토머스 페인Thomas Paine(1737~1809)이 발표한 『상식Common Sense』이라는 소책자였다. 미국 독립의 정당성을 설파한 이 책은 베스트셀러가 되며 13개 아메리카 식민지의 독립 여론에 불을 붙였다. 대륙회의에서의 격렬한 논의 끝에 벤저민 프랭클린, 토머스 제퍼슨, 존 애덤스 등이 1776년 7월 4일 「독립선언문」을 작성하고 7월 9일에 발표했다. 미국인들은 독립과 자유를 쟁취하기 위해 대영제국을 상대로 8년 동안 치열한 전쟁을 벌여야 했다. 이 전쟁에서 총 5만 명이 전사하거나 부상을 입었다. 결국 미국은 1783년 파리 조약Treaties of Paris을 통해 공식적인 주권국가로 인정받게 되었다. 그렇게 미국인들은 세계 최초로 근대적 공화국을 세웠다.

미국의 독립 혁명은 곧바로 대서양 너머 프랑스에도 영향을 주었다. 당시 루이 16세의 프랑스 왕실은 만성적인 재정 위기로 고통을 겪고 있었다. 이는 프랑스가 해외 식민지를 둘러싸고 영국과 7년 전쟁을 벌인데다 미국의 독립 전쟁을 지원하면서 국고를 소진했기 때문이다. 루이 16세는 그동안 면세 특권을 부여받던 귀족 계급에 토지에 대한 재산세를 내도록 요구했다. 그러나 지금까지 내지 않던 세금을 요구받은 귀족 계급은 그 결정을 삼부회로 떠넘겼다. 1789년 결국 루이 16세는 국가 부도 위기를 해결하기 위해 1614년 이후 한 번도 열지 않은 삼부회를 마지못해 소집했다.

삼부회는 원래 성직자, 귀족, 평민의 대표로 구성되었고 각 신분별로 회의체를 만들어 의사 결정을 해왔다. 3개 회의체로 구성되었다고 해서 삼부회이다. 제1신분인 성직자는 대체로 제2신분인 귀족 계급에 뿌리를 두고 있었으므로 이들은 제3신분인 평민과 이해관계가 달랐다. 그래서 삼부회는 대개 2 대 1로 특권 계급의 입장이 관철되어왔다. 이번에도 왕이 삼부회의 전통적인 의사 결정 방식을 고수하려 하자 평민 대표들이 격렬히 반발했다. 18세기 들어 부유해지고 교육을 받았고 계몽사상에 의해 정치의식이 높아진 제3신분 대표들이 더 이상 특권 세력의 독단적인 지배를 허용하지 않으려 한 것이다. 제3신분 대표들은 스스로를 '국민의회Assemblée Nationale'라고 부르며 헌법을 제정하겠다고 선언했다. 처음에 왕은 이를 억누르려 했지만 사태가 불리해지자 그것을 받아들이지 않을 수 없었다.

혼란의 와중에 국왕이 군사력을 동원할 것이라는 소문이 퍼지자 1789년 7월 12일에 파리의 민중이 봉기했다. 수년 동안 흉년이 계속되고 경제 사정도 나빠 민심이 흉흉한 상황이었으므로, 이는 곧 대중적인 혁명으로 발전했다. 7월 14일에는 악명 높은 바스티유 감옥이 점령되었고, 혁명은 곧 전국으로 확산되었다. 프랑스에서는 바로 이날을 매년 혁명일로 기념한다.

국민의회가 1789년 8월에 채택한 「인간과 시민의 권리 선언」에는 프랑스 혁명 초기부터 주도권을 장악한 신흥 부르주아의 계급적 이해가 반영되어 있다. 「권리 선언」은 재산권을 '불가침의 인권'으로 인정하고 권력이 간섭하지 말 것을 요구했다. 선언에는 재산권, 노동의 자유, 계약의 자유, 영업의 자유, 거주 이전의 자유 등 경제활동의 자유가 중심축을 형성하고 있다. 반면 '평등'은 단지 법 앞에서의 형식적 평등에 그침으로써 경제적 차이로 인한 사회적 불평등은 외면했고, 이후 일정 정도의 재산을 가진 남성에게만 선거권과 피선거권을 부여하는 제한적인 선거제도 도입으로 이어졌다. 1789년의 「권리 선언」은 재산권과 이에 기초한 경제적 권리가 주된 내용이고, 이는 부르주아의 계급적 이해가 반영된 것이다.

근대 혁명 과정에서 농민, 노동자, 소상공인 등 재산이 없는 사람들은 재산권을 둘러싸고 부르주아와 대립할 수밖에 없었다. 영국의 경우 청교도혁명 당시 크롬웰의 독립파Independents는 재산권을 신성불가침의 기본권으로 간주했지만, 실질적인 정치적·경제적 평등을 추구한 수평파Levellers는 그에 맞서서 오직 자신의 노동에 의한 재산만 정당하다고 주장했다. 그들은 21세 이상 성인 남성의 보통선거권을 비롯해 신앙과 종교의 자유, 법에 의한 재판, 채무로 인한 인신 구속 반대, 공무원 선거제 등을 주장했다. 수평파의 평등주의적 요구는 크롬웰에 의해 거부당하고 결국 폭력적으로 숙청되었지만, 그들의 사상은 부분적으로 로크의 재산권 이론으로 흡수되었다.

한편 수평파보다 더 급진적인 평등주의를 추구했던 공유파 Diggers는 토지의 공유를 주장했다. 인클로저enclosure 운동(종획운동)으로 자신이 일구던 땅에서 쫓겨나는 상황을 경험한 공유파는 토지를 무단 점거하거나 황무지를 개간하여 공유함으로써 토지의 사적 소유를 부정하고자 했다. 공유파 역시 크롬웰의 탄압으로 해산되었지만, 로버트 오언 같은 19세기 초기 사회주의자들에게 영감을 주었다.

프랑스 대혁명 당시 자코뱅 클럽 산악파의 거두 로베스피에르는 재산권이 다른 권리들과 마찬가지로 '타인의 권리를 존중할 의무'에 의해 제한되어야 한다고 주장했다. 재산권이라는 이름으로 다른 이들의 생명과 안전, 자유를 해칠 수 없다는 것이다. 이러한 원칙을 침해하는 재산의 사적 소유와 상업적 거래는

제2부 혁명의 시대

비도덕적이고 불법적이라고 지적했다.

대혁명 과정에서 가장 급진적인 세력이었던 상퀼로트는 혁명과 전쟁으로 생필품의 가격이 폭등하는 상황에서 생존권을 가장 중요한 기본권으로 제시했다. 개인의 생존을 위해서는 타인의 재산권을 침해할 수도 있다고 본 것이다. 이들은 자코뱅 클럽 내에서 급진적인 분파(에베르파, 앙라제)를 구성했다. 급진적인 평등주의를 추구했던 앙라제Enragés 멤버 중에는 프랑수아 노엘 바뵈프François-Noël Babeuf(1760~1797)도 있었다. 바뵈프와 그의 계승자들은 재산의 '배타적 점유'를 강력하게 비판하면서 사회의 불평등이 재산권에서 비롯된다고 보았다. 재산권은 사회 최대의 재앙이며 공적인 범죄라는 것이다. 부르주아적 재산권을 공적인 방식으로 제한하거나 부정해야 한다고 주장한 로베스피에르와 바뵈프주의자들은 1794년 테르미도르의 반동Réaction thermidorienne 이후 모두 교수형에 처해졌지만, 그들의 평등한 사회를 위한 구상은 19세기 사회주의자들에게 강렬한 영감을 주었고 1871년 파리 코뮌으로 계승되었다.

12

흑인 노예들이
일으킨 혁명

아이티의 식민지 해방 전쟁

○

역사학계에서는 18세기 후반부터 19세기 중반까지의 대략 반세기를 '혁명의 시대'라고 부른다. 이 시기 동안 아메리카에서는 미국 독립 혁명(1776년), 유럽에서는 프랑스 대혁명(1789년)과 7월 혁명(1830년), 2월 혁명(1848년)이 일어났다. 이와 같은 기간에 아메리카 식민지에서도 아이티 혁명이나 라틴아메리카 혁명 등 대규모의 혁명과 크고 작은 봉기, 폭동, 정권 교체에 이르는 일련의 정치적 격변이 일어났다. 하지만 오랫동안 서양 중심의 역사학계는 유럽과 미국 이외 지역의 혁명에 대해 잘 다루지 않거나, 서양인들의 혁명에 종속적이거나 부차적인 사건으로 취급하는 경향이 있었다. 이제 우리는 서양 중심주의를 벗어나는 차원에서 아이티에서 일어난 사건에 주목할 필요가 있다.

아이티는 카리브 해에 위치한 히스파니올라 섬의 서쪽 지역을 부르는 이름이다(동쪽 지역은 지금의 도미니카 공화국이다). 프랑스 식민지 시절의 이름은 생도맹그Saint Domingue였다. 유럽인들의 서인도제도 식민지화는 17세기 중반부터 시작되었다. 사탕수수 생산이 이 지역 식민지 경제의 가장 큰 부분을 차지했다. 사탕수수를 가공하는 과정과 관련된 설탕 산업은 해운업자, 무역상, 금융업자 등 자본가를 살찌웠으며 유럽의 해상 부르주아와 식민 본국의 부의 원천이 되었다. 스페인, 포르투갈, 독일, 영국, 프랑스가 차례로 이곳에 들어와 식민지를 건설했다. 생도맹그는 18세기 중반에 전 세계 설탕의 40퍼센트를 생산했다고 추정될 만큼 프랑스에 매우 중요한 식민지였다. 이 지역은 서인도제도 최고의 식민지였던 영국령 자메이카를 앞지르고 서인도제도 최대의 시장을 형성하고 있었다. 당시 프랑스의 한 해 수출액 중 3분의 2가 생도맹그 무역을 통해 이루어졌다. 이것은 한 해 동안 영국의 전체 식민지에서 이루어지는 무역액의 두 배가 넘는 규모였다.

이렇게 설탕을 대규모로 생산하기 위해서는 '플랜테이션plantation'이라고 부르는 대농장과 대규모의 노동력이 필수였다. 식민지의 플랜테이션에 필요한 노동자를 충원하기 위해 식민 본국은 아프리카에서 엄청난 수의 사람들을 노예로 끌고 왔다.

이것이 그 유명한 '삼각무역triangular trade'의 한 축이다. 삼각무역이란 대서양을 가로질러 서유럽, 서아프리카, 카리브 해라는 세 지역의 거점 사이에서 유럽 상인들이 거래한 무역 패턴을 가리킨다. 유럽 상인들이 카리브 해 지역에서 생산되는 설탕과 담배를 사들여 유럽으로 돌아가 판매한다. 그들은 자국에서 옷과 술 등 제조품을 아프리카로 가져가 판매한다. 이를 통해 얻은 수익으로 아프리카 현지에서 노예를 사거나, 필요한 경우 직접 납치해서 아메리카 지역의 노예주에게 판매한다. 이 일련의 과정을 통해 유럽의 상인들은 막대한 이익을 취했다.

플랜테이션과 노예무역에 기초한 식민지 사회의 인구 구성은 기형적이었다. 우선 플랜테이션과 노예를 소유한 백인 노예주가 있었는데, 1789년을 기준으로 대략 4만 명이 생도맹그에 살고 있었다. 다음으로 주로 백인 지주와 흑인 노예 사이에서 태어난 2만 8,000명가량의 혼혈인이 있었다. 이들은 법적으로 자유인 신분이었지만 거주 이전의 자유가 제한되는 등 여러 가지 제약을 받았다. 마지막으로 45만 명에 달하는 흑인 노예가 있었는데, 이는 백인보다 열 배 이상 많은 숫자였다.

그런데 생도맹그의 인구 구성이 기형적이라고 하는 이유는 단지 흑인과 백인의 비율 때문만이 아니다. 생도맹그에서 살고 있던 흑인의 약 3분의 2가 지금의 나이지리아, 앙골라 북부, 콩고 서부 지역 출신이었다. 가혹한 노동조건과 갑작스러운 환경

변화에 대부분의 흑인 노예가 생도맹그에 온 지 얼마 지나지 않아 사망했기 때문에 백인 농장주는 지속적으로 아프리카에서 노예를 수입하여 플랜테이션을 유지했다. 생도맹그에 도착한 흑인 노예 중 절반이 1년 내에 사망했다. 노예주는 '어차피 얼마 못 사는데 잠시 쓰고 버리자'는 생각으로 오히려 노예들을 더욱 가혹하게 대했고, 그래서 식민지 생도맹그는 항상 폭력적이고 억압적인 분위기 속에서 유지되었다.

이런 상황에서 1789년 프랑스에서 혁명이 시작되었다. 혁명이 발발하고 얼마 지나지 않아 프랑스 국민의회는 8월 26일에 「인간과 시민의 권리 선언」을 발표했다. 모든 인간의 자유와 평등을 선언한 것이다. 프랑스 혁명 초기에 벌어진 프랑스 정치 세력들 간의 갈등과 혼란은 식민지에서도 재연되었다. 생도맹그에서는 피부색에 따른 차별을 둘러싸고 백인 농장주와 유색인 자유민 엘리트 간의 대립이 불거졌다. 백인과 유색인 자유민이 대립하는 와중에 1791년 대대적인 노예 반란이 일어나면서 상황이 급반전되었다. 백인 지배자들은 저마다 입장에 따라 정치색이 달라졌으며 혼혈인인 물라토mulato들은 백인과도, 흑인과도 이해를 같이하지 못한 채 반목과 협상 사이를 오가는 등 사회적·정치적 혼란이 심해졌다. 이 틈을 타 북부 지방에서 시작된 노예 반란이 전국으로 급속히 번져나갔다.

흑인 노예들을 조직된 힘으로 이끌어낸 사람은 투생 루베르튀르Toussaint Louverture(1743~1803)였다. 그는 탁월하고 확신에 찬 지도력으로 노예들을 결집시켰고 스페인군, 영국군, 프랑스군의 잇따른 침공도 막아내어 혁명을 성공으로 이끌었다. 그는 뛰어난 통솔력과 예리한 판단력으로 유럽 열강들의 이해관계와 복잡한 인종 문제가 얽힌 생도맹그에서 노예제도를 복원시키려는 국내 식민주의자들의 모든 책략을 막아냈다. 생도맹그에 파견된 프랑스 혁명 의회의 판무관들은 흑인 무장 세력을 공화국 편으로 끌어들이기 위해 1793년에 노예해방을 단행했다. 뒤이어 생도맹그에서 파견된 의원들을 맞이한 프랑스 국민의회는 1794년 2월 14일 전면적인 노예제 폐지를 선언했다. 테르미도르의 반동 이후 보수화되는 정국 속에서도 1795년 헌법은 식민지를 공화국의 일부로 통합시킴으로써 식민지에 대한 급진적인 정치 실험이 계속되었다.

하지만 이러한 흐름은 나폴레옹이 권좌에 앉으면서 중단되었다. 생도맹그에 노예제도를 부활시키고 이곳을 카리브 해 지역을 제패하기 위한 전략적 기지로 만들고자 나폴레옹이 대규모의 군대를 파견한 것이다. 루베르튀르는 프랑스군에 붙잡혀 프랑스로 압송되어 감옥에 갇혔으나 생도맹그의 흑인 게릴라들은 치열한 전투 끝에 프랑스군을 거의 궤멸시켰다. 결국 프랑스 군대가 돌아간 뒤인 1804년 1월 루베르튀르의 후계자 장 자크 데살린Jean-Jacques Dessalines(1758~1806)이 아이티의 독립을 선언했다.

　이렇게 아이티는 아메리카 대륙에 세워진 첫 번째 흑인 공화국이자 미국 다음의 두 번째 공화국이 되었다. 생도맹그는 나폴레옹의 군대에 맞선 치열한 전쟁 끝에 아이티로 독립했지만, 다른 식민지에서는 노예제와 구체제가 복원되었다. 1814년 부르봉 왕조가 복위하자 프랑스 본국의 노예제 반대론자들도 위축될 수밖에 없었다. 그들은 1820년대 중반 이후에야 다시 목소리를 내기 시작했다. 그 후 7월 혁명(1830년)을 통해 정식으로 노예제 폐지 협회를 만들고 조직적 투쟁에 나섰다. 하지만 프랑스의 최종적인 노예제 폐지는 1848년 2월 혁명이 성공할 때까지 기다려야 했다.

　아이티 혁명은 이후 아프리카에서 쿠바에 이르기까지 제3세계에서 전개된 해방운동의 도화선이 되었다. 노예였던 흑인들이 유럽 최강의 스페인군, 영국군, 프랑스군을 물리치고 독립을 이루었다는 사실은 많은 이들을 놀라게 했고, 노예제도에 균열을 내기에 충분했다. 생도맹그 노예 반란의 불꽃은 프랑스의 지배하에 있던 서인도제도의 다른 섬들은 물론이고 영국령 섬들에까지 번져나갔다. 영국 정부는 아이티가 독립한 지 3년 후에 노예무역을 중지시켰고, 30여 년 후에는 모든 노예에게 자유를 주었다. 이것은 아이티 혁명으로 인한 직접적 결과는 아니었지만, 이 혁명이 커다란 영향을 주었다는 사실은 부인할 수 없다.

아이티는 세계 역사상 최초로 노예 반란을 통해 식민지에서 해방되었지만 그 대가는 혹독했다. 아이티는 독립 이후 프랑스와 맺은 불평등한 조약 때문에 현재까지도 극심한 빈곤에 시달리고 있다. 1825년 프랑스는 식민지 상실에 대한 보복으로 당시 프랑스의 1년 예산에 달하는 1억 5,000만 프랑을 아이티 독립 정부에 요구했다. 이것은 신생 독립국가 아이티의 연간 수입액보다 열 배나 많은 금액이었다. 아이티는 매년 정부 예산의 80퍼센트를 프랑스에 꼬박꼬박 바쳐야 했다. 견디다 못한 아이티 정부는 2004년에 '식민지 배상금'이 원천 무효라며 프랑스에 전액 탕감을 요구했지만 거부당했다.

미국은 19세기 중반까지 아이티를 독립국가로 인정하지 않았다. 흑인 노예들의 반란으로 탄생한 아이티를 인정하면 미국 내 흑인 노예들이 반란을 일으키지 않을까 염려했기 때문이다. 오히려 미국은 아이티에 무역 봉쇄를 단행하고 아이티 농산물의 수입을 금지했다. 그러다가 20세기 들어 미국은 아이티에 대한 영향력을 확대하기 시작했다. 미국은 1957년부터 1986년까지 아이티를 지배한 뒤발리에 부자父子의 집권과 독재를 지원했다. 부패한 독재자 뒤발리에 부자는 국가 부채보다 더 많은 9억 달러를 스위스 은행 비밀 계좌에 보관했다. 이 기간에 아이티의 외채는 17.5배까지 증가했다. 1996년부터 세계은행과 국제통화기금IMF은 '외채 과다 빈곤국HIPC 외채 경감 전략'을 실시하면서,

아이티의 부채를 일부 탕감해주는 조건으로 농업 보조금 철폐, 무료 급식 중단 등 신자유주의적인 조치를 요구했다. 그 결과 삼모작이 가능한 아이티가 오히려 미국에서 쌀을 수입하는 나라가 되었다. 농업은 붕괴되었고, 빈곤층이 더 늘어났다. 아이티는 지금도 매년 5,000만 달러씩 부채를 갚고 있다.

아이티는 세계 역사상 처음으로 스스로 노예제와 식민 지배라는 이중의 굴레에서 해방을 성취한 나라이며, 이후 중남미 지역의 노예해방을 위해 지원을 아끼지 않았다. 하지만 서양 열강들의 '복수'는 지금까지도 아이티 국민들을 심각한 빈곤과 고통에 시달리게 하고 있다. 아이티는 아직도 그들로부터 진정한 해방을 쟁취하지 못하고 있다. 아이티 공화국의 국가 표어는 자유Liberté · 평등Égalité · 우애Fraternité이며, 이는 프랑스 혁명의 슬로건이었다.

13

여성이 단두대에
오를 수 있다면

올랭프 드 구즈의 '여성 인권 선언'

우리가 흔히 '프랑스 인권 선언'이라고 부르지만, 1789년 프랑스 대혁명 발발 직후에 국민의회가 발표한 선언문의 원래 제목은 '인간과 시민의 권리 선언'이다. 이 제목을 보면 몇 가지의 의문이 떠오른다. 인간은 누구이고 시민은 누구인가? 인간의 권리와 시민의 권리는 어떻게 다른가? 그 둘은 어떤 관계인가?

18세기 지식인과 혁명가들 사이에서는 두 가지의 권리 개념이 통용되고 있었다. 하나는 인간 일반의 권리를 포괄하는 보편론적 형태이고, 다른 하나는 특정한 계층이나 지위에 권리를 한정하는 특수론적 형태이다. 미국과 프랑스에서 혁명의 분위기가 무르익을 때부터 혁명 초기까지는 보편론적 형태의 권리 개념이 상대적으로 우위에 있었다. 프랑스에서 혁명 초기에 발표된「인간과 시민의 권리 선언」제1조는 '모든 인간은 자유롭고 평등한 권리를 갖고 태어난다. 따라서 사회적인 차별은 공공의 이익을 근거로 해서만 있을 수 있다'고 명시하고 있다. 미국의 경우에도 1776년 6월 12일의「버지니아 권리 선언」과 7월 4일 대륙회의에서 13개 주 대표가 만장일치로 결의한「독립선언문」은 모든 인간의 보편적 권리를 명확하게 선언했다.*

 그러나 미국인들은 독립 전쟁에서 승리한 이후 건국 과정에서 보편주의로부터 멀어졌다. 1787년의 미국 헌법과 1791년의「권리 장전」에는 특수론적인 권리 개념이 주로 담겨 있었다. 또한 프랑스 인권 선언의 조항들 중 어디에도 특정 계급이나 종교, 성, 연령 등의 권리를 세분화하지는 않았지만, 누가 시민에 포함되는가의 문제는 여전히 남아 있었다. 즉 인간이면서 시민이 아닌 이들은 누구인가? 이는 곧바로 정치적 지위를 전혀 부여받지 못한 최하층 노동자와 노예, 그리고 여성을 둘러싼 문제를 낳았다. 그중에서도 여성의 권리에 관한 문제는 여타 집단에

---

* 「버지니아 권리 선언」제1항은 다음과 같다. '모든 인간은 날 때부터 동등하게 자유롭고 독립적이며 생득적인 여러 권리를 가진다. 이 중에서 재산을 획득하고 소유하며 행복과 안전을 추구하고 확보하는 여러 수단을 누리면서 생활과 자유를 향유할 여러 권리는 비록 인간이 사회조직 속에 놓인다 해도 어떤 계약으로도 빼앗기거나 박탈당하지 아니한다.'「독립선언문」전문에도 다음과 같은 내용이 있다. '모든 사람은 평등하게 태어났으며, 조물주로부터 양도할 수 없는 권리를 부여받았다. 그 권리 중에는 생명, 자유, 행복의 추구가 있다.'

비해 가장 적게 공론화되었다.

프랑스 혁명은 가난한 하층민도 정치의 전면에 나설 정도로 그 배경에 경제적 문제의식이 강하게 깔려 있었다. 그런 이유에서 가정 경제와 자녀 양육을 담당하던 여성들 역시 적극적으로 혁명에 가담했다. 1789년 10월 5일 파리의 하층 계급 부녀자들이 앞장서서 베르사유 궁전까지 행진하여 루이 16세를 파리로 귀환하게 만든 사건이 대표적이다. 하지만 여성의 정치적 권리는 혁명 과정에서, 그리고 그 이후에도 여전히 배제되었다. 국민의회 의원들은 '피부색 구별 없이 모든 사람'의 '보편적 권리'를 적용하는 데 동의했지만, 그들 중 극소수만 그 권리를 여성에게도 적용하자고 말했다. 1789년부터 1791년 사이에 열린 국민의회 토론에서 여성의 권리라는 범주는 거론되지도 못했다.

혁명 기간에 가장 선명하게 여성의 정치적 권리를 옹호한 사람은 위대한 계몽사상가이자 진보의 아이콘인 마르키 드 콩도르세Marquis de Condorcet(1743~1794)였다. 1781년에 이미 노예제 폐지를 촉구하는 팸플릿을 발간했던 그는 혁명이 시작된 지 1년이 지나면서부터 여성을 주제로 삼기 시작했다. 1790년 7월 콩도르세는 신문 사설에서 다음과 같이 주장했다. '인간의 권리는 그들이 감정을 가진 존재이고 도덕적 이념을 획득하고 그러한 이념을 논증할 수 있다는 사실에 근거할 뿐이다. 여성은 동일한 특징을 갖지 않는가? 여성이 동일한 기질을 갖는 한, 그들은

여성이 단두대에 오를 수 있다면

필연적으로 평등한 권리를 갖는다.' 지금은 너무나도 당연한 생각에 신문 독자들은 경악했다.

당시에 걸출한 여성운동가가 없었던 것도 아니다. 프랑스에서는 노예제에 반대하는 희곡을 썼던 극작가 올랭프 드 구즈가 1791년 9월 「인간과 시민의 권리 선언」을 패러디하여 「여성과 여성 시민의 권리 선언」을 발표했다. 제1조는 '여성은 자유롭게, 그리고 권리에 있어 남성과 평등하게 태어나 존재한다'였으며, 제6조는 '법의 관점에서 평등한 모든 여성 시민과 시민은 그들의 능력에 따라 모든 공공의 고위직, 관청, 그리고 취업에 평등하게 참여할 수 있어야 하며, 덕과 재능 이외에는 여타의 어떠한 차별도 없어야 한다'는 것이었다. 그런데 드 구즈는 군주정을 옹호했으며, 특히 루이 16세의 부인 마리 앙투아네트 왕비에게 경외심을 갖고 있었다. 1793년 자코뱅파는 그녀의 동지였던 지롱드 당원들과 마찬가지로 드 구즈를 체포하여 사형선고를 내렸다. 죄목은 부정한 행동과 왕정을 복고하려 했다는 것이었다. 드 구즈는 단두대에 오르며 다음과 같은 명언을 남겼다. '여성이 단두대에 오를 수 있다면 의정 단상에 오를 권리도 있다.'

영국에서는 작가 메리 울스턴크래프트Mary Wollstonecraft (1759~1797)가 1792년에 『여성의 권리 옹호』를 출간했다. 이 책에서 그녀는 오랫동안 남성 지식인에 의해 재생산되어온 여성에 대한 편견을 조목조목 반박했다. 여성이 태생적으로 남성에 비해 열등한 것이 아니라 교육의 결여로 인해 그렇게 보이는 것이라고 주장했다.

드 구즈나 울스턴크래프트 이후에도 시민의 권리를 인정받기 위해 수많은 여성이 피를 흘렸지만, 여성의 참정권이 광범위하게 인정되기 시작한 것은 한 세기가 지난 후였다. 1893년 세계 최초로 여성에게 선거권이 부여된 곳은 영국의 자치령이었던 뉴질랜드였다. 그러나 이마저도 처음에는 선거권만 부여했을 뿐 피선거권은 주어지지 않았다. 역시 영국의 자치령이었던 오스트레일리아의 일부 주에서도 뉴질랜드의 영향을 받아 여성에게 선거권과 피선거권을 부여했지만, 여성 모두에게 선거권이 부여된 것은 독립 후인 1902년이었다.

그런데 왜 영국 본토가 아니라 오세아니아의 자치령에서 먼저 여성의 참정권이 도입되었을까? 물론 뉴질랜드에는 케이트 셰퍼드Kate Sheppard(1847~1934) 같은 걸출한 여성운동가가 있었지만, 그런 사정은 영국이나 다른 유럽 국가도 마찬가지였다. 유력한 가설 중 하나는 뉴질랜드나 오스트레일리아는 극소수의 백인이 다수의 원주민과 넓은 영토를 지배하는 구조였다는 것이다. 따라서 다수의 원주민을 지배하기 위한 공적 업무에 백인 여성도 참여시킬 수밖에 없었다. 공적 업무를 맡게 하면서 참정권을 주지 않는 것은 모순된 행동이었던 것이다. 그와 달리 오스트레일리아에서 원주민에게 참정권이 부여된 것은 1967년이다.

　유럽에서는 핀란드(1906년), 노르웨이(1913년), 덴마크(1915년) 등 북유럽 국가에서 먼저 여성의 참정권을 인정하기 시작했다. 그러나 민주주의를 표방한 대부분의 서방 국가는 제1차 세계대전이 끝나는 무렵부터 뒤늦게 여성의 참정권을 인정했다. 1918년에는 캐나다, 1919년에는 네덜란드·독일·오스트리아·폴란드에서 여성의 참정권이 도입되었다. 영국도 1918년에 여성에게 선거권을 부여했지만 30세 이상으로 연령을 제한했고, 10년 뒤인 1928년에야 비로소 21세 이상의 모든 성인 여성에게 남성과 동등한 선거권을 부여했다. 영국의 여성 참정권 운동에 영향을 받은 미국은 1920년에 여성의 참정권을 도입했다. 미국에서 흑인 남성에게 참정권이 부여된(1870년) 지 반세기가 지난 후였다.

　근대 문명을 주도했던 서방 국가들은 왜 '인권 선언'이후 끈질기게 요구된 여성의 참정권을 한 세기가 넘도록 인정하지 않다가 제1차 세계대전이 끝나가는 1918년 이후에 우후죽순처럼 받아들이게 되었을까? 여기에는 두 가지의 설명이 있다. 첫 번째 설명은 1918년의 여성 참정권 도입은 제1차 세계대전 중의 전시체제 협력에 대한 보상이었다는 것이다. 실제로 영국 여성운동의 지도자 에멀린 팽크허스트Emmeline Pankhurst(1858~1928)는 전쟁이 발발하자 영국의 참전을 지지하며 여성들의 협력을 적극 독려했고, (남성들로 이루어진) 의회는 그 공로

제2부 혁명의 시대

를 인정하지 않을 수 없었다. 전쟁 중에는 다수의 남성이 참전해야 했으므로 여러 가지의 공적 업무를 여성이 수행해야 했던 것이다.

두 번째 배경은 1917년 러시아에서 볼셰비키 혁명으로 탄생한 임시정부가 곧바로 여성해방 법령을 선포한 것이다. 혁명을 주도하고 임시정부의 국가원수가 된 블라디미르 레닌Vladimir Lenin(1870~1924)은 '여성의 적극적 참여가 없다면 혁명은 승리할 수 없다'고 강조했다. 소비에트 정부는 여성의 완전한 참정권뿐만 아니라 양성의 고용 평등, 동일 임금제, 유급 출산휴가, 낙태 합법화, 이혼 간소화, 간통죄와 근친혼 금지 폐지 등의 정책을 추진했다. 또한 볼셰비키는 새로운 제도를 정착시키고 여성의 정치 참여를 활성화하기 위해 여성부를 만들었다. 서방 국가들이 후진적 농업국가라고 무시했던 러시아에서 펼쳐진 소비에트 정부의 급진적인 양성평등 정책은 그동안 가장 선진적인 민주공화국임을 자랑하던 영국이나 미국에 커다란 자극이 될 수밖에 없었던 것이다.

14

공화정에서
민주공화정으로

근대 민주주의의 발명

○ ─────────────────────

　　　　　　　　　　　　고대 그리스 이래로 서양에서는 '누가
통치하는가' 또는 '누구에게 권력이 있는가'를 기준으로 정치
체제를 구분하는 것이 일반적이었다. 권력자가 한 사람이라면
군주정monarchia, 소수의 사람이라면 과두정oligarchia 또는 귀족정
aristokratia이라고 불렀다. 그리고 권력이 인민 다수에게 있는 경
우에는 민주정demokratia이라고 했다. 모나키아(군주정)가 '하나'
를 의미하는 '모노스monos'와 '지배하다'를 의미하는 아르케인
archein에서 파생된 '아르키아arkia'를 조합한 것으로 '1인 통치'
를 의미한다면, 올리가르키아(과두정)는 '소수'를 뜻하는 '올리
고이oligoi'와 아르키아를 조합한 것으로 '소수의 통치'를 가리
킨다. 그리고 아리스토크라시(귀족정)는 '뛰어난 자들'을 뜻하는

'아리스토이aristoi'를, 데모크라시(민주정)는 '인민'으로 번역될 수 있는 '데모스demos'를 '권력'을 의미하는 '크라토스kratos'와 조합한 말이다. 그러니까 아리스토크라시는 뛰어난 자들(엘리트)에게, 데모크라시는 인민대중에게 권력(중요한 사안에 대한 결정권)이 있음을 의미한다.

우리는 현대 사회가 추구하는 정치 질서의 근간에 민주주의가 있다고 믿는다. 그런데 만약 17~18세기의 정치사상가나 혁명가들에게 '당신들이 세우고자 하는 새로운 국가의 정체政體가 무엇인가? 그것은 민주정인가?'라고 묻는다면 모두 '아니다'라고 대답할 것이다. 당시에는 민주주의democracy라는 용어가 고대 그리스의 아테네에서 시행했던 민주정을 가리키는 말이었기 때문이다. 즉 시민이라면 누구나 선착순으로 민회에 참석하여 의사 결정에 참여할 수 있고, 누구나 추첨으로 공직을 맡을 수 있는, 우리가 굳이 '직접'이라는 단어를 붙여 사용하는 민주주의 말이다.

하지만 그때의 사상가와 혁명가들이 다수 대중의 직접적인 정치 참여를 의미하는 민주주의를 추구한 것은 아니었다. 그들은 자신들이 세우고자 하는 새로운 국가 형태를 영국에서는 '코먼웰스Commonwealth', 프랑스에서는 '레퓌블릭République'이라고 불렀다. 그리고 프랑스어 레퓌블릭은 미국으로 건너가 우리에게도 익숙한 영어 '리퍼블릭Republic'이 되었다. 흔히 공화국 또는 공화정으로 번역하는 프랑스어 레퍼블릭은 '공공의 것' 또는 '공공의 사안'을 뜻하는 라틴어 '레스 푸블리카res publica'에서 유래했다.

고대 로마에서 레스 푸블리카는 그 이전에 아테네에서 플라톤과 아리스토텔레스가 폴리테이아politeia라고 부른 말의 번역어로 사용되었다. 로마의 정치가 마르쿠스 툴리우스 키케로Marcus Tullius Cicero(기원전 106~기원전 43)는 그것을 법과 공통의 이해관계에 기초한 공동체, 그리고 인민의 동의에 의해 구성된 법의 틀 안에서 인민을 위한 공적 의무를 진 자가 운영하는 국가, 즉 우리가 일반적으로 공화국이라고 부르는 정치체를 의미하는 것으로 간주했다. 동시에 그는 이 단어를 인민의 권익 보호를 최우선시하는 모든 유형의 건강한 정치공동체, 그리고 그와 연관된 공적·정치적 삶과 업무를 지칭하는 것으로 이해했다.[1] 이러한 키케로의 레스 푸블리카 개념은 르네상스 시대에 이탈리아를 거쳐 프랑스에서 레퍼블릭으로 번역되었고, 16세기 잉글랜드의 정치 저술에서 코먼웰스를 규정하기 위한 전거로 활용되었다. 17세기 크롬웰 혁명 기간에 코먼웰스는 군주가 없는 새로운 국가를 지칭하는 가장 일반적인 용어였고, 리퍼블릭도 동시에 사용되었다.

17~18세기의 정치사상가나 혁명가들은 자신들이 추구하는 새로운 정부의 형태를 공화국 또는 '대의정부representative government'라고 칭했다. 그들이 모델로 삼은 정체는 고대 아테네의 민주정이 아니라 고대 로마의 공화정에 더 가까웠다. 고대 로마는 기원전 510년경 왕정이 무너진 후 450여 년간 공화정을 유지했는데, 시민 모두가 참여할 수 있는 민회가 있긴 했지만 300명의 세습 귀족으로 구성된 원로원에 주요 의사 결정권이 부여되었으므로 귀족정의 성격이 강했다. 다만 로마 공화정의 원로들이 세습되었던 반면에 근대 공화정에서 권력을 위임받는 대표는 투표로 선출된다는 점이 달랐다.

미국 건국과 헌법의 아버지로 불리는 제임스 매디슨James Madison Jr.(1751~1836)은 「연방주의자 논고Federalist Papers」에서 '순수한 민주정은 한 사회를 구성하는 많지 않은 수의 사람들이 직접 회합을 가지면서 정부를 운영하는 정치체제인 반면, 공화정은 대의제를 통해 운영되는 정치체제'라고 규정했다. 그는 민주정과 달리 공화정에서는 '전체 시민이 선출된 소수의 시민에게 정부 운영을 위임'한다는 점을 강조했으며, 시민의 수가 늘어나고 국가의 영토가 넓어질수록 공화정의 가능성이 확대된다고 말했다.

제임스 매디슨은 아테네에서 시행했던 것과 같은 민주정은 자신의 시대, 거대한 국가에서는 불가능하다고 주장했는데, 그러한 인식을 먼저 제공한 사람은 프랑스의 계몽사상가 몽테스키외이다. 몽테스키외는 『법의 정신L'Esprit des Lois』에서 정부 형태를 공화정, 왕정, 독재 세 가지로 구분하면서 공화정에는 두 종류가 있다고 했다. '공화정에서 전체로서의 인민이 주권적 권력을 가질 때 그것은 민주정이다. 주권적 권력이 인민의 일부에게만 주어질 때 그것은 귀족정이다.' 그런데 『법의 정신』을 보면 몽테스키외는 민주정이 아니라 귀족정을 추구했음을 분명하게 알 수 있다. 그는 '자유로운 국가에서는 자유로운 영혼을 가지고 있다고 인정되는 모든 사람이 스스로의 통치를 받기 때문에 집단으로서의 인민은 마땅히 입법권을 가져야 한다'는 원론적인 입장을 제시하면서도 (현실적으로) '규모가 큰 나라에서는 그것이 불가능하고 작은 나라에서도 많은 불편이 따르므로, 인민은 자신이 할 수 없는 모든 일을 대표자를 통해서 하게 할 필요가 있다'고 주장했다.

여기서 입법권을 가져야 하는 인민이 그냥 '모든 인민'이 아니라 '자유로운 영혼을 가지고 있다고 인정되는 모든 사람'이라는 조건에 주목해야 한다. 이어지는 문장에서도 '모든 시민은 각자 저마다의 지역에서 대표를 선출하는 투표권을 가져야 한다'고 원론적인 입장을 제시하지만, '자신의 의지 따위는 전혀 가지고 있지 않다고 여겨질 만큼 낮은 지위에 있는 사람은 제외되어야 한다'고 말한다. 더 나아가 몽테스키외는 출신, 재산, 명예 등에서 뛰어난 사람들이 다른 사람들과 마찬가지로 한 표밖에 갖지 않는다면 보편적 자유가 그들에게 예속으로 작용할 것

이라고 주장한다. 왜냐하면 뛰어난 사람들은 소수이므로 모두
가 한 표를 행사한 결과는 대부분 그들의 이익에 위배될 것이라
고 보았기 때문이다. 따라서 그들이 입법에 참여하는 몫은 그들
이 국가 내에서 가지고 있는 다른 유리한 지위에 비례해야 한다
는 것이다.

　이런 관점에서 몽테스키외가 제안한 것은 '인민이 행하고
자 하는 바를 저지할 권한을 갖는 기구'를 구성하는 것이었다.
즉 입법권을 귀족으로 구성된 기관(상원)과 인민의 대표로 선출
된 기관(하원)으로 구성하자는 내용이다. 이것이 바로 오늘날 미
국, 영국, 프랑스, 독일 등 대다수의 서양 국가가 채택하고 있는
양원제의 취지이다. 실제로 상원을 프랑스에서는 세나Sénat, 미
국에서는 세네이트Senate라고 부르는데, 이는 고대 로마의 원로
원Senatus을 지칭하던 용어이다. 몽테스키외의 생각을 충실히 이
어받은 제임스 매디슨은 1787년 미국의 연방헌법제정회의에
서 다음과 같이 말했다.

　　지금 영국에서 만약 선거가 모든 계층의 사람들에게 열려
　　있었다면, 토호들의 부는 불안정해졌을 것입니다. 농업법
　　이 곧 제정될 것입니다. 이러한 관찰이 옳다면, 우리 정부
　　는 혁신에 대응하여 나라의 영속적인 이익을 보장해야 합
　　니다. 토지 소유자들은 이 귀중한 이익을 지원하고 다른 사

2
부
혁
명
의
시
대

람들을 견제하기 위해 정부에서 하나의 몫을 가져야 합니다. 그들은 다수에 대항하여 부유한 소수를 보호할 수 있도록 그렇게 구성되어야 합니다. 그러므로 상원은 이러한 기구가 되어야 합니다. 그리고 이러한 목적에 답하기 위해 사람들은 영속성과 안정성을 가져야 합니다.[2]

이른바 미국 건국의 아버지들은 대부분 대농장의 지주였고 노예를 소유하고 있었다. 「연방주의자 논고」를 비롯해 그들이 남긴 글을 보면 그들이 얼마나 집요하게 '민주주의'를 막으려고 심했는지 알 수 있다. 대표적으로 제2대 대통령 존 애덤스는 「가난한 자들의 투표권 제한을 위한 변론」에서 다음과 같이 썼다.

다수의 투표에 의해 모든 것이 결정된다면 재산이 없는 800만 혹은 900만 명이 재산을 가진 100만 혹은 200만 명의 권리를 박탈할 것이다. 부채가 먼저 말소되고 부자들에게만 세금이 무겁게 부과될 것이다. 마지막에는 모든 것의 하향 균등 분배가 요구될 것이고, 이에 대해 투표할 것이다. 그것의 결과는 무엇일까? 게으르고 사악하고 무절제한 자들이 극단적이고 방탕한 사치 속으로 빠져들 것이고, 그들의 몫을 팔고 써버린 후 그것을 구매한 이들에게 새로운 분배를 요구할 것이다. 이러한 사상이 사회에서 받아들여지는 순간 재산은 신의 법칙만큼 신성시되지 않을 것이다. 이를 보호할 법의 강제력도 공적 정의도 없고, 아나키와 폭정이 시작될 것이다.[3]

따라서 영국, 미국, 프랑스에서 시민혁명이 성공한 이후 참정권이 부여된 시민의 수가 극소수였던 것은 전혀 이상한 일이 아니었다. 영국의 경우 1832년까지 참정권을 가질 수 있는 자격 요건은 일정량의 재산이었다. 카운티county 선거구의 경우 한 세기가 넘도록 연 40실링을 지방세로 낼 수 있는 자유 토지 보유 농freeholder만 선거권을 가질 수 있었다. 당시에는 그러한 자작농이 많지 않았고 대부분 차지인, 소작인, 일용직 노동자였기 때문에 실제로 영국에서 참정권을 행사할 수 있는 사람은 전체 성인 인구의 약 3퍼센트에 불과했다.

대혁명 발발 직후에 제정된 프랑스의 1791년 헌법에서도 역시 일정한 재산을 가진 시민에게만 참정권을 부여했으며, 그 헌법에 따라 새롭게 구성되는 입법의회는 간접선거를 통해 구성하기로 결정했다. 1793년에 제정된 최초의 프랑스 '공화국 헌법'은 21세 이상의 모든 성인 남성에게 참정권을 부여한 보통 선거권과 더불어 '주권은 인민에 속한다'는 주권 재민의 원칙을 선언했지만, 이듬해에 반혁명 진영이 정권을 장악하는 테르미도르의 반동이 일어나고 1795년 헌법에 의해 수립된 총재 정부는 참정권을 다시 극히 일부에게만 허용했다. 1830년까지도 프랑스 전체 인구 약 2,000만 명 중에서 유권자는 겨우 10만 명 남짓으로 영국보다도 적었다.

프랑스에서 공포정치가 절정이었을 때 로베스피에르가 다소 도발적인 의미에서 자신을 '민주주의 옹호자'로 불렀고, 1800년에는 토머스 제퍼슨Thomas Jefferson(1743~1826)이 자신의 정파를 '민주공화당Democratic Republican Party'으로 명명하기도 했지만 정치인들이 스스로 추구하는 정치 질서가 민주주의라고 널리 말하게 된 것은 훨씬 더 나중의 일이다. 1830년대부터 비로소 미국과 프랑스의 정치가들이 스스로를 '민주주의 옹호자'로 내세우고, 보통선거를 정착시키는 과정에서 '민주주의'라는 용어를 적극적으로 사용하기 시작했다.

예컨대 미국의 제7대 대통령이 되는 앤드류 잭슨Andrew Jackson(1767~1845)은 공식적으로 민주주의를 옹호한 첫 번째 대통령 후보였다. 아일랜드계 이민자 집안의 후손인 잭슨은 귀족 출신이 아닌 최초의 미국 대통령으로, 그가 대통령에 당선된 1828년 무렵에서야 미국의 모든 주에서 선거권이 모든 백인 남성으로 확장되었다. 따라서 그가 사용한 민주주의라는 개념은 고위 관료와 정치가, 대도시의 상층 계급 등 힘 있는 자들에 대항하여 농민과 노동자 같은 사회적 약자의 이해를 방어할 것이라는 의미였다.

그로부터 얼마 지나지 않아 미국의 모든 정당 후보자가 스스로를 '민주주의 옹호자'라고 소개하게 되었다. 미국 건국의 아버지들이 '민주주의의 위험'을 억제하려는 명백한 목적으로 고안한 정교한 공화제가 다시 민주주의로 명명된 것이다. 1831년 프랑스 정부에서 파견한 귀족 출신의 젊은 공화주의자 알렉시 드 토크빌Alexis de Tocqueville(1805~1859)은 9개월 동안 미국을 여행하고 나서 1835년에 『미국의 민주주의De la démocratie en Amérique』 제1권을 출간했다. 토크빌이 1830년대 초에 미국을 여행하면서 발견한 '미국 민주주의'의 핵심은 전반적으로 평등한 삶의 조건, 연방제에 기초한 분권적인 권력 구조, 여러 시민의 자발적인 단체에서 출발하는 타운town/commune 자치였다.*

당시 미국에서 민주주의에 대한 추구가 공식화되고 민주주의적 요소가 도입되기 시작했다고 할 수는 있지만, 하나의 정체로서 민주공화정을 채택했다고 보기는 이르다. 민주주의와 평등주의를 표방했던 앤드류 잭슨은 민병대 장교로 재직하던 시절 수많은 원주민을 잔인하게 학살했으며, 대통령이 되어서도

---

* 토크빌은 '인민의 지배'라는 민주주의의 어원적 의미를 포기하고, 민주주의에 사회적 성격을 띤 더 넓은 의미를 부여한 최초의 인물이다. 그에게 민주주의는 국가에 대한 개인의 평등한 권리와 법 앞에서의 평등을 의미한다. 즉 엘리트의 특권을 없애고 모든 이들에게 균등한 기회와 가능성을 제공하고자 하는 정치 질서를 말한다. 결국 자유주의자였던 토크빌이 생각한 민주주의는 경제적 자유와 자수성가한 사람에 대한 존중이 깊이 뿌리내린 미국의 문화적 전통에서 볼 수 있듯이 '개인의 자유'에 특권을 부여하는 민주주의이다.(지그문트 바우만·카를로 보르도니, 안규남 옮김, 『위기의 국가』, 동녘, 2014년, 248~249쪽 참조)

'인디언 이주법Indian Removal Act'의 제정을 주도하여 원주민을 머나먼 원주민 보호 구역으로 강제 이주시켰다. 또한 그는 테네시 주의 플랜테이션에서 100명 이상의 흑인 노예를 소유하고 있었으며, 그와 그의 지지자들은 1850년대에 노예 문제가 사회적으로 큰 이슈가 되고 남북전쟁(1861~1865년)이 일어나기까지도 아무런 문제를 제기하지 않았다.

하지만 18세기 말에 일어난 시민혁명과 그 과정에서 나온 「권리 선언」은 농부, 노동자, 여성, 빈민, 소수 인종의 민주주의를 향한 열망에 불을 질러놓은 상태였다. 그 불은 19세기 내내 활활 타올랐고, 프랑스에서는 1830년 7월 혁명, 1848년 2월 혁명, 1871년 파리 코뮌을 비롯한 크고 작은 혁명과 봉기가 계속해서 일어났다. 오늘날의 민주주의는 시민혁명의 결과물이 아니라 그 이후 시민권에서 배제된 사람들이 끊임없는 요구와 저항으로 서서히 이루어낸 것이다.

15

양이
사람을 잡아먹는다

부자들이 일으킨 혁명 : 인클로저와 산업혁명

15세기 말부터 17세기에 영국은 급격한 사회경제적 변동을 경험했다. 인구의 급격한 증가와 함께 자본주의적 농업과 상공업의 발달이 촉진되었다. 이러한 변화의 밑바탕에는 인클로저 운동이 있다. 15세기 후반부터 가내수공업이 확산되었는데, 주요 생산품은 양모였다. 양모 산업이 번창하고 양모 가격이 급등하자 농촌 지역의 영주나 귀족 같은 힘 있는 자들이 공유지에 울타리를 치고 그 땅에서 경작하던 농민들을 쫓아냈다. 종획운동 또는 울타리 치기로 번역되는 인클로저는 주로 16~17세기(제1차)와 18세기(제2차), 영국의 튜더 왕조와 초기 스튜어트 왕조 시대에 처음에는 영주나 귀족이, 나중에는 시골의 부유한 젠트리와 상인이 공유지나 경계가 모호한 땅에 울타리를 둘러쳐서 사유화했던 흐름을 말한다. 그렇게 울타리를 친 땅은 목초지로 바꾸어 양을 키웠다. 당시 상황을 목격한 『유토피아Utopia』의 저자 토머스 모어Thomas More(1478~1535)는 '양은 온순한 동물이지만 영국에서는 사람을 잡아먹는다'고 말했다.

자신들이 조상 대대로 살던 땅에서 쫓겨난 농민들은 황량한 교외에 마구잡이로 건설되는 산업도시의 변두리로 내몰렸고, 어둡고 비위생적인 돼지우리 같은 집에 처박히게 되었으며, 비인간적인 노동시간과 가족을 먹여 살리기에도 부족한 임금을 받으면서 진짜 감옥 같은 공장에서 일하게 되었다. 사람들은 시골에서 강제로 쫓겨나 부자연스럽고 폭력적이고 비인간적인 새로운 생활 규칙에 적응해야 했다. 그들은 생존의 절박함과 무지 때문에 노예처럼 학대받고 통제되었으며, 경제적·신체적으로 고통을 감내해야 했다. 그들은 막 시작된 기계화의 위협 아래서 도덕과 경제의 붕괴에 직면했고, 믿음을 갑자기 바꿔야만 했다.[1]

인클로저가 근대 역사에서 중요한 사건으로 다뤄지는 데는 그만한 이유가 있다. 이 사건을 거치면서 유럽 전역에서 중세의 봉건적 질서가 붕괴하고 자본주의 시장경제가 형성되었으며, 산업혁명이 일어나는 데 결정적인 토대가 되었기 때문이다. 그런데 자본주의란 무엇인가? 자본주의 경제체제와 자본주의가 아닌 경제체제의 차이는 무엇인가?

15

자본주의는 다양한 방식으로 정의될 수 있지만, 그것의 가장 본질적인 특징은 '생산자로부터 생산수단이 분리된 경제 질서'라는 점이다. 이것은 좌파 이론가인 칼 마르크스Karl Heinrich Marx(1818~1883)와 우파 사회학자로 평가되는 막스 베버가 공통적으로 강조한 자본주의의 본질적 요소이다. 여기서 생산자란 말 그대로 필요한 물건이나 용역을 생산하는 사람이고, 생산수단은 생산에 필요한 수단이나 도구를 말한다. 당시 생산자 중 대부분은 농민이었고, 생산수단 중에서 가장 중요한 것이 토지였다. '생산자와 생산수단의 분리'가 자본주의의 본질적인 특징이라면, 자본주의가 일반화되기 전에는 양자가 연결되어 있었다는 말이 된다. 즉 생산자가 생산수단을 소유하고 있었다는 것이다.

그렇다면 자본주의 이전에는 농민들이 모두 자기 땅을 소유하고 있었다는 말인가? 근대적 의미의 소유권 개념에는 사용권과 처분권이 포함된다. 하지만 근대 이전에(다시 말해 생산자와 생산수단이 분리되기 이전에) 대부분의 토지는 시장에서 마음대로 사고 팔 수 있는 대상이 아니었다. 따라서 중세의 농민들은 자기가 속한 지역공동체의 토지를 사용할 수 있었다는 의미이다. 그리고 당시에는 한 마을의 주민들이 공동으로 경작하는 것이 일반적이었으므로, 토지를 공동으로 사용할 수 있었다는 말이다.

인클로저는 대규모로 생산자(농민)가 생산수단(토지)으로부

양이 사람을 잡아먹는다

터 분리되는 최초의 과정, 즉 자본주의 시장경제의 시작이었다. 하지만 그 과정은 결코 순조롭거나 평탄하지 않았다. 농민이 땅으로부터 떨어져나간다는 것은 삶의 터전을 잃는 것일 뿐만 아니라 자신의 노동력을 팔지 않으면 생계를 유지할 수 없는 자, 즉 (생산자가 아닌) 노동자가 되는 것을 의미하기 때문이다.

생산자로부터 분리된 생산수단(토지)은 소수의 사람(지주, 자본가)이 독점적으로 소유하게 된다. 생산수단을 잃은 생산자(농민)에게 생계를 유지하기 위한 수단은 자신의 노동력밖에 남아 있지 않다. 그들은 생산수단을 소유한 지주나 자본가에게 고용되어 자신의 노동력을 제공하고, 그 대가로 생계를 유지할 수밖에 없다. 즉 노동시장에 들어가 자신의 노동력을 판매하고, 그 대가로 임금을 받는 임금노동자가 되어야 하는 것이다. 그들 중 일부는 유랑민으로 떠돌게 되었고, 대다수는 이제 막 산업화가 시작된 도시로 꾸준히 유입됨으로써 노동자나 빈민(마르크스의 표현으로 '산업예비군')이 되어 산업혁명의 기반이 되었다.

산업혁명은 많은 사람들의 삶을 송두리째 바꿔놓았다. 프랑스의 대문호 빅토르 위고Victor-Marie Hugo(1802~1885)가 1862년에 출판한 장편소설『레 미제라블Les Misérables』을 보면 산업혁명 초기에 도시 노동자와 빈민의 삶이 얼마나 비참하고 끔찍했는지를 알 수 있다.[*] 19세기 초 파리를 배경으로, 굶주리는 조카들을 위해 빵을 훔친 죄로 감옥에 갇힌 후 여러 차례 탈옥을 시도해 중범죄자로 낙인찍힌 탈옥수(장 발장), 남에게 맡겨져 학대당하는 아이(코제트), 공장에서 쫓겨나 자신의 머리카락과 금니까지 팔고 결국에는 창녀가 되어야 했던 미혼모 여성 노동자(팡틴)와 그 배경으로 등장하는 수많은 도시 빈민 등 '비참한 사람들les misérables'의 삶을 구체적으로 묘사하고 있기 때문이다.

19세기 중반까지도 유럽에서 아동노동은 아주 흔한 일이었고, 심지어 네 살배기 노동자도 있었다. 노동시간은 새벽부터 밤늦게까지 이어졌다. 온갖 종류의 노동자 학대가 일상적으로 벌어졌다. 장시간 노동, 먼지와 소음 등 열악한 노동환경, 최소한의 안전장치도 없는 작업장 등 초기 산업화의 현장은 노동자에게 끔찍한 곳이었다. 공장 주변에 새로운 집단 주거지가 생겼는데, 시설은 형편없었고 사람이 살 만한 곳이 못 되었다.

도시로 이주한 농민들은 혹독한 적응 과정을 거쳐야 했다. 이제 자신의 신체적 활동임에도 불구하고 노동의 속도를 마음대로 조절할 수 없고, 무조건 기계의 속도를 따라가야만 했다. 과거에는 계절에 따라 찾아오는 농한기를 즐길 수 있었지만, 이제는 시장의 상황에 따라 미친 듯이 일하다가도 일이 없어지면

* 당시 프랑스의 출판사들은 단어 수를 기준으로 원고료를 지불했기 때문에 작품을 길게 쓸수록 원고료를 많이 받을 수 있었다고 한다. 그래서 작가들은 당대 사회 전반의 정경을 길고 상세하게 묘사했으며, 이것이 근대 프랑스 소설의 특징이 되었다. 그런 까닭에 『레 미제라블』을 포함한 19세기의 프랑스 소설은 문학적 가치뿐만 아니라 당시의 시대상과 생활 모습 등을 알 수 있는 사료적 가치를 지닌다.

생계를 염려해야 했다. 여전히 농촌의 삶에 익숙했던 노동자들은 기계의 출현과 확산을 두려워하고 증오했다. 그들은 공장을 파괴하고 불을 질렀으며 봉기를 일으키기도 했다. 1810년대에 영국의 주요 산업도시에서 벌어진 기계 파괴 운동Luddite과 같이 산업화를 저지하려는 노동자들의 시도는 성공하지 못했다.

오스트리아 빈 태생의 경제인류학자 칼 폴라니Karl Polanyi (1886~1964)는 자신의 역작 『거대한 전환The Great Transformation』에서 인클로저의 결과로 수많은 시장이 스스로 조정된다고 믿는 '자기 조정적self-regulating 시장경제'가 확립되었다고 말한다. 생산자와 생산수단이 분리됨으로써 노동과 토지가 시장에서 상품처럼 원활하게 사고 팔릴 수 있게 되었기 때문이다. 폴라니에게 근대 자본주의 시장경제란 여러 시장으로 이루어진 하나의 자기 조정 체계이다. 자기 조정적 시장은 인간을 화폐소득의 극대화를 추구하는 존재로 간주하고, 재화의 공급과 수요가 일치하는 시장이 존재하며, 구매력을 가진 화폐가 존재한다는 것을 전제한다. 이러한 시장에서 재화의 생산과 분배의 질서는 오로지 교환가치(가격)에 따라 유지된다. 자본주의는 오로지 시장가격에 의해서만 지배되는 경제, 다시 말해 시장이 스스로 통제하고 조정하며 방향을 지도하는 경제체제, 곧 자기 조정적 시장경제를 의미한다. 그에게 근대의 시장과 그 이전 시장의 차이는 '이익 개념'이 아니라 '규제되는 시장'과 '자기 조정 시장', 좀 더 정확히 말하면 '자기 조정 관념이 부여된 시장'의 차이다.

(이러한 시장에서) 그가 구매하는 것은 원자재와 노동인데, 이는 다름 아닌 자연과 인간이다. 기계에 의한 생산이 상업 사회에서 일어나면, 현실에서는 사회를 구성하는 인간적·자연적 내용물이 상품의 형상을 뒤집어쓰게 된다는 실로 엄청난 변화가 벌어진다. (……) 이러한 장치들은 심한 사회적 혼란을 야기할 수밖에 없고, 이로 인해 인간의 상호 관계가 마디마디 끊어질 수밖에 없으며, 인간이 삶을 영위하는 자연환경도 반드시 쑥대밭이 될 수밖에 없음이 명백하다는 것이다.[2]

자기 조정 시장은 사회가 정치 영역과 경제 영역으로 제도적으로 분리되는disembedded 것을 요구한다. 그리고 이 과정에서 토지, 노동, 화폐 등 원래는 상품이 아니었던 것들이 허구적인 상품이 된다. 시장경제는 토지, 노동, 화폐를 포함한 산업의 모든 요소를 포괄해야 하기 때문이다. 하지만 노동은 사회를 구성하는 인간 활동의 다른 이름일 뿐이고, 토지란 단지 사회를 둘러싼 자연환경의 다른 이름이다. 따라서 이것들을 시장경제체제에 포함한다는 것은 사회 자체를 시장 법칙 아래 종속시킨다는 뜻이다. 이에 따라 인간의 소외와 자연의 파괴가 필연적으로 나타날 수밖에 없다. 자기 조정 시장은 궁극적으로 정치 영역뿐만 아니라 다른 모든 영역이 경제 영역에 종속될 것을 요구한다. 이것은 20세기 말 이후 지금까지 신자유주의가 지배하는 우리 시대가 경험하고 있는 일이기도 하다.[*]

칼 폴라니가 궁극적으로 주장하는 것은 사회로부터 독립되어 스스로 돌아가는 경제가 아니라 사회에 종속된 체제로서의 경제이며, 인간과 자연이 허위 상품으로서의 노동과 토지가 아니라 존엄성과 총체성을 가진 인간과 자연 그 자체로 여겨지는 것이다. 폴라니에게 '시장사회'는 20세기에 신자유주의가 만들어낸 것이 아니라 이미 자기 조정이라는 유토피아적 성격이 부여된 근대 시장경제 시스템의 필수적인 조건이었다. 이처럼 폴라니의 분석은 근대 자본주의 시장경제는 곧 자기 조정을 추구하는 시장체제이며 그것은 시장사회에서만 가능하다는, 근대 자본주의 시장경제 자체에 대한 근본적인 비판을 담고 있다.

---

* 칼 폴라니가 『거대한 전환』을 출판한 1944년은 공교롭게도 같은 도시에서 태어난 신자유주의 경제학자 프리드리히 하이에크가 『노예로의 길The Road to Serfdom』을 출판한 해이다. 그런데 두 책 모두 케인스의 명성에 가려 오랫동안 빛을 보지 못했다.

16

만국의 노동자여
단결하라

노동운동과 노동조합의 등장

산업혁명 이후 기계에 밀려 직조공과 같은 숙련 기술자가 점점 사라지고 비숙련 노동자가 노동인구의 대부분을 차지하게 되었다. 영국을 비롯한 산업화 국가에서 노동자들은 매우 열악한 노동조건에 처해 있었지만 아무런 정치적 발언권이 없었다. 하지만 노동자의 수가 빠르게 증가하면서 노동자의 권리를 요구하는 목소리도 커지게 되었다.

이러한 흐름은 노동조합의 결성으로 이어졌는데, 초기에는 친목회, 상호공제조합, 협동조합 등 중세 상공인들의 길드 guild와 같은 동업조합의 성격이 강했다. 초기 노동조합의 주요 활동은 조합원들로부터 일정한 조합비를 받아 모아두었다가 사고가 발생했을 때 지급하는 일종의 상호부조였지만, 점차 노동자의 권리를 확대하고 노동조건을 개선하기 위한 정치 운동으로 확대된다. 18세기 말부터 19세기 초 사이에 프랑스에서 파리 인쇄노동자클럽(1790년), 목수우애조합(1791년), 파리 항만하역노동조합이 조직되고 미국에서도 필라델피아 제화노동조합·뉴욕 인쇄노동조합(1792년), 뉴욕 조선노동조합(1803년) 등 초기 노동조합이 결성되었다. 그 후 유럽의 여러 나라에서 우후죽순으로 노동조합 결성이 이루어졌다. 독일에서는 1820년대부터 직조 노동자와 인쇄 노동자 등이 조직을 만들었고, 스페인과 이탈리아에서도 1840년대부터 노동자 조직이 결성되었다.

노동자의 노동조합 활동은 초기부터 국가의 탄압을 받았으며 법률로 금지되었다. 노동자의 저항이 확대되자 영국 의회는 1799년과 1800년에 노동조합 전체에 대해 단결금지법 Combination Act을 제정했다. 단결금지법은 노동자의 단결에 대해 고용주와 숙련공을 모반하는 성격을 띤 것이고, 직업의 확산에 필요한 '훈련'을 방해하는 일이며, 고용주가 '자신의 소유물로 자기가 선호하는 것을 행하는 권리'를 간섭하는 행위로 규정했다.

프랑스에서는 대혁명 과정에서 르 샤플리에 법Loi Le Chapelier (1791년)을 제정해 노동자의 단결을 금지했다. 이 법이 금지한 것은 그뿐 아니라 기업가의 단결을 포함한 모든 직업적 결사와 쟁의행위였다. 법안을 발의한 르 샤플리에 의원은 의회에서 '각자의 개별 이익과 모두의 일반이익 사이에 중간단체가 존재하여 중간 이익을 선전하는 것이 용납되어서는 안 되며', '임금의 결정은 개인 대 개인의 자유로운 합의를 통하고, 노동자는 고용주와 이룬 합의를 유지해야 한다'고 주장했다. 1810년의 나폴레옹 형법은 파업 참가자와 주동자에 대해 무거운 징역형을 적용했다. 이러한 상황에서 대부분의 노동조합은 지하로 들어가 비밀결사체로 활동할 수밖에 없었다. 비합법 상태의 노동조합 운동은 영국에서 단결금지법이 폐지되는 1824년, 프랑스에서는 1864년까지 계속되었다.

이러한 상황에서 노동자 계급은 완강한 투쟁을 조직함으로써 단결을 금지하는 법률과 조치를 철폐하기 위해 노력했다. 이와 함께 노동조합 조직은 길드와 같은 동업조합의 폐쇄성과 지역적 분산성을 극복하기 위해 다양한 노력을 기울였다. 이러한 실천을 통해 전국 단위의 직업별 또는 산업별 노동조합이 조직되고, 지역 단위의 직업별 노동조합의 연대 조직이 설립되었다. 수많은 노동자들의 노력 끝에 1824년 영국에서 단결금지법이 폐지되고 노동조합 활동이 합법화되었다. 그 후 전국 단위의 노동조합이 만들어졌고, 결국 1834년에 전국노동조합대연합이 결성되어 영국의 노동자들은 전국적인 노동운동을 전개할 수 있게 되었다.

1830년 프랑스에서 일어난 7월 혁명*은 노동자가 역사의 전면에 등장한 획기적인 사건이었으며, 이후 유럽의 정치

지형에도 큰 영향을 끼쳤다. 이 혁명에서 미국 독립 전쟁과 프랑스 대혁명의 영웅 마르키스 드 라파예트Marquis de Lafayette (1757~1834)가 이끄는 공화파보다도 부르봉 왕조를 무너뜨리는 데 결정적인 역할을 한 세력은 파리의 민중과 노동자였다.

그런데 절대왕정을 추구하던 샤를 10세를 몰아낸 후 의회는 자유주의적인 루이 필리프 1세를 '국민의 왕'으로 선출했을 뿐이며, 정작 노동자 계급은 이 혁명을 통해 얻은 것이 거의 없었다. 이에 반해 7월 혁명의 과실을 획득한 것은 대★상인과 대★금융업자, 전문직 종사자, 관료, 부농 등 상층 부르주아 계급이었다. 그들은 1789년 대혁명을 피해 외국으로 망명했다가 왕정복고 후에 돌아온 귀족들을 몰아내고 새로운 지배층으로 확고히 자리잡게 된 것이다. 이를 계기로 노동자는 부르주아를 불신하게 되었고, 독자적인 정치 세력화를 모색하게 되었다.

당시 영국의 노동자들도 프랑스와 비슷한 경험을 하고 있었다. 그들은 선거권의 확대와 의회 개혁 법안(1832년) 등을 위한 부르주아들의 투쟁을 적극적으로 지원했다. 그러나 얼마 지나

---

* 7월 혁명은 나폴레옹의 실각(1814년) 이후 프랑스를 대혁명 이전으로 되돌리기로 결의한 빈 회의의 결정에 따라 복고된 부르봉 왕정을 다시 무너뜨렸다. 1830년 5월에 실시된 하원 선거에서 반정부적인 자유주의자들이 다수를 차지하자 국왕 샤를 10세는 7월 26일 칙령을 발표하고 소집되지도 않은 의회를 해산했으며, 언론 및 출판을 탄압하는 명령을 내림과 동시에 새로운 선거법을 제정하여 선거 자격의 대폭적인 제한을 강행했다. 다음 날인 27일 파리의 소상공인, 수련공, 노동자, 학생 등이 봉기해 3일간의 시가전을 벌인 끝에 승리를 거두었다. 샤를 10세는 영국으로 망명하고, 8월 9일 자유주의자인 오를레앙 가의 루이 필리프가 즉위하여 '7월 왕정'이 수립되었다.

제 2 부 혁 명 의 시 대

지 않아 노동자들은 함께 싸워서 획득한 승리를 부르주아들이 자신들의 이익만을 위해 이용한다는 사실을 알게 되었다.[*] 사태 가 그렇게 전개되자 영국의 노동자들은 도시를 중심으로 노동 자 연맹을 결성하고 독자적인 정치 행동을 전개하기 시작했다. 그러한 정치 행동의 중심에 1839년부터 1842년까지 최고조에 달했던 인민헌장People's Charter을 위한 투쟁이 있었다. 차티스트 운동Chartist Movement이라고 부르는 이 정치 운동의 주된 목표는 보통선거권의 획득이었다. 결국 영국은 1867년 제2차 선거법 개정을 통해서 자영 상공인과 도시 노동자들에게도 참정권을 부여했다.

노동조합이 결성되어 활동하기 시작한 초기 단계의 특징은 노동조합이 지배계급과 국가 권력기관의 탄압 상황에서 형성 되었고, 오랜 기간에 걸쳐 지하에서 활동하는 경우도 있었다는 점이다. 따라서 19세기까지 노동자들이 지향한 주된 목표는 정 치적 자립이었으며, 직접적인 과제로 제시한 것은 민주적인 사 회 질서의 확립이었다. 노동자 계급의 정치적 자립을 위한 투쟁 은 노동자가 부르주아의 도구로 이용당하는 것을 거부하는 데

[*]　1832년 선거법 개정의 골자는 연 10파운드 이상의 집세를 내는 가장에게 선거권을 부여한다는 내용이다. 이 개정으로 전체 유권자가 약 30만 명 증가했다. 그러나 재산이 선거권의 조건으로 남아 있는 한, 노동자 계급을 비롯해 경제적으로 소외된 계층은 여전히 정치적으로 배제될 수밖에 없었다. 선거법 개정의 결실이 중간계급과 제조업자들에게만 돌아가자 노동자 계급의 불만이 고조되었다.

머물지 않고 노동자 스스로가 인권과 자치를 획득하기 위해 사
회를 개조하려 했다는 데서 그 의의를 찾을 수 있다.

1871년 영국에서 세계 최초로 노동조합법이 제정됨으로
써 노동조합은 합법화를 넘어 국가의 보호를 받게 되었다. 프랑
스에서도 1864년에 단결 금지 규정을 폐지한 후, 1884년에 노
동조합법을 제정하여 노동조합의 설립과 가입 및 탈퇴의 자유
를 인정했다. 그 이듬해에는 전국 단위의 노동조합 연합체인 노
동총연맹Confédération Générale du Travail, CGT이 창설되었다. 노동
조합의 합법화와 전국 단위의 노동조합 결성은 1900년 무렵까
지 다른 유럽 국가로 확산되었다. 마침내 1890년 5월 1일 첫 노
동절May day 기념 집회가 프랑스 파리에서 개최되어 노동조합으
로 결속한 노동자들의 달라진 위상을 보여주었다.

17

생산수단의
사회적 공유

사회주의의 세 가지 모델

시장 영역의 확대와 산업자본주의가
야기한 심각한 폐해로부터 사회의 원리를 회복하고자 하는 새
로운 사상과 운동이 등장했다. 사회주의는 무수히 많은 흐름으
로 나타났지만 사회주의자들이 공통적으로 근본 문제로 삼은
것은 토지, 자본 등 '생산수단의 사적 소유'였다. 자본주의의 본
질적인 특징이 '생산자와 생산수단의 분리'라는 점은 이미 앞에
서 설명한 바 있다. 사회주의가 자본주의의 근본적인 모순을 극
복하고자 하는 운동이라면, 생산자와 생산수단을 다시 연결하
고자 하는 것이 모든 사회주의의 공통된 목표가 될 수밖에 없다.
그래서 모든 사회주의는 본질적으로 생산수단의 사적 소유를
폐기하고 사회적으로 공유해야 한다는 주장을 포함하고 있다.

문제는 이미 분리된 생산자와 생산수단을 어떤 방법으로 다시 연결할 것인가이다. 그 방법과 관련하여 다양한 아이디어가 나왔지만, 그것들을 단순화하고 도식화해본다면 역사적으로 크게 세 가지의 모델이 존재했다. 그것을 각각 공동체 사회주의associative socialism, 국가사회주의state socialism, 민주적 사회주의democratic socialism 모델이라고 부를 수 있을 것이다.

최초의 사회주의는 '공동체 사회주의' 모델로부터 시작되었다. 프랑스의 앙리 드 생 시몽Henri de Saint-Simon(1760~1825)과 샤를 푸리에Charles Fourier(1772~1837), 그리고 영국의 로버트 오언Robert Owen(1771~1858)이 대표적인 초기 사회주의의 주창자였다. 비록 마르크스가 그들에게 '공상적 사회주의utopian socialism'라는 딱지를 붙였지만, 그것은 일부만 맞는 평가일 뿐이다. 그들의 이론은 오늘날 코뮌commune이라고 부르는 자치적인 마을 공동체에 기초하고 있기 때문에, 협동 사회주의자들associative socialists이라고도 불린다. 그래서 이것은 사회주의 또는 공산주의라는 명칭에 가장 부합하는 모델이기도 하다.* 그들은 인류를

---

* 사회주의socialism와 공산주의communism는 원래 구분 없이 교차하여 사용된 용어였다. 영국에서는 공산주의가 초기에 더 많이 통용된 반면, 프랑스인은 사회주의라는 말을 더 선호했다. 마르크스와 엥겔스는 영국에서 『공산당 선언Communist Manifesto』(1848년)을 출판했지만 자신들의 여러 저술에서 두 용어를 혼용했다. 로버트 오언은 줄곧 공산주의라는 단어를 사용했다. 그러나 그는 『사회주의란 무엇인가What is Socialism?』라는 책을 출판함으로써 사회주의라는 단어를 공식적으로 사용한 첫 번째 인물이 되었다. 사회주의와 공산주의가 각기 다른 의미를 갖는 용어라고 처음으로 구분한 사람은 블라디미르 레닌이었다.

구원할 수 있는 원대한 계획을 창안했을 뿐만 아니라 자신들의 사회주의 구상을 현실에 구현하기 위한 시도를 감행했다.

그들은 18세기 계몽사상의 역사적 낙관주의를 공유했다. 환경이 인간의 모든 미덕과 악덕을 결정한다고 보았으며, 인간의 행복을 제약하는 무지無知는 계몽으로 극복할 수 있다고 믿었다. 이들 초기 사회주의자가 추구했던 것은 혁명적 계급투쟁이 아니라 계급 간의 상호 이해와 설득을 통한 평화적인 사회개혁이었다. 그들은 부르주아적 사회제도 비판과 노동자를 위한 계몽과 교육에 중요한 토대를 제공했다. 그들은 바람직한 사회를 건설하는 데 있어서 '해방된 노동'에 중요한 지위를 부여했다. 노동 해방을 인간의 성격과 재능 발달의 기초이자 도덕적 완성의 원천이며 인간성의 주요한 조건으로 파악했던 것이다. 또한 명확한 형태로 제시되지는 않았지만 그들의 견해는 생산수단의 사회적 공유가 필요하다는 점을 대체로 인정하고 있다. 그리고 그들의 사상은 사회적 낙관주의를 바탕으로 노동자 계급이 자기 역량에 대한 스스로의 확신을 키우는 많은 요소를 내포하고 있었다.

초기 사회주의 거장들이 제시한 이론 체계에서 가장 뛰어난 측면은 자본주의와 부르주아 사회에 대한 근본적인 성찰을 통해 사회공동체 이념을 제시했다는 사실이다. 비록 실패로 끝났지만 그들이 시도한 사회적 실험이 유럽의 몇몇 지역에서 사회주의 운동의 중요한 토대를 이루었다. 이 모델은 19세기 후반에 국가권력에 의존하지 않고 노동 계급의 주체적인 역할을 강조하는 아나키즘anarchism과 생디칼리슴syndicalism으로 이어진다.

프랑스의 초기 사회주의자들 중에는 스페인 출신의 루이 블랑Louis Blanc(1811~1882)도 있었다. 1840년대에 프랑스에서 사회조직과 노동 계급에 대한 책을 출판하면서 그의 사상이 널리 퍼지기 시작했는데, 그는 우리에게 익숙한 '일할 권리', 즉 노동권의 주창자이다. 그는 「노동의 조직」이라는 글을 진보 성향의 신문에 연재했는데, 거기서 노동자의 삶이 시장 경쟁 체제에 내맡겨지지 않아야 한다는 것, 노동자가 안정된 최소한의 일자리를 가질 권리를 가져야 한다는 것, 그것을 위해 국가권력과 노동자가 결합되어야 한다는 것을 주장했다. 그는 노동시장을 지배하는 자유경쟁의 파괴적 성격에 주목하면서 생산과정의 최고 감독자로서 국가의 개입이 필요하며, 그래서 강력한 국가가 필요하다고 생각했다. 또한 경쟁이라는 악을 막기 위해 정부가 국채를 발행해서 국가 산업의 중요한 지점에 사회 사업장social workshop을 세우고 그곳에서 모든 노동자가 일할 수 있도록 해야 한다고 주장했다. 국가가 생산을 규제하고, 국가가 유일한 기업가로 행동해야 하며, 국가가 작업장별로 이윤 분배를 감독해야 한다고 역설했다.

그래서 그는 사회주의의 두 번째 모델인 '국가사회주의'의 아버지로 불리기도 한다. 루이 블랑 이후 국가의 역할을 중요시하는 흐름이 나중에 마르크스주의자들에 의해 발전된다. 마르크스는 국가에 대해 부르주아 계급의 지배 도구일 뿐이라는 부정적 입장을 보였다. 하지만 레닌을 비롯한 다수의 마르크스주의자는 국가의 역할을 받아들였다.

국가사회주의 모델은 생산자와 생산수단을 다시 연결하는 데 있어서 국가를 핵심적인 매개물로 상정한다. 이러한 '재연결'을 도식화하면, 그 진행 과정을 두 단계로 나누어볼 수 있다. 우선 지주와 자본가가 독점한 주요 생산수단을 국가의 소유로 만든다(국유화). 다음으로 국가는 소수의 부르주아가 아니라 마르크스가 '프롤레타리아'라고 명명한 생산자들이 민주적으로 운영한다. 이렇게 생산수단을 국가의 소유로 만들고 그 국가를 생산자들이 운영할 수 있다면, 생산자와 생산수단이 국가를 매개로 다시 연결될 수 있다.

문제는 지주와 자본가가 독점하고 있는 생산수단을 빼앗아 국가의 소유로 만들어야 하는데, 돈과 권력을 쥐고 있는 지주와 자본가가 그것을 순순히 내줄 리가 없다는 것이다. 그래서 이 모델을 현실에 구현하기 위해서는 유혈혁명이나 내전과 같은 상당히 폭력적인 과정을 수반할 수밖에 없다. 이것이 바로 우리에게 가장 익숙한 사회주의, 러시아의 볼셰비키 혁명(1917년) 이후 전 세계 곳곳에서 우리가 '현실사회주의 국가'라고 불렀던 모든 나라에서 시도한 사회주의 모델이다. 따라서 이 모델은 '볼셰비키 모델' 또는 '소비에트 모델'이라고 부를 수도 있다.

결과적으로, 20세기 내내 이루어진 이 거대한 정치적 실험은 한 세기를 넘기지 못하고 실패했다. 무엇이 잘못되었을까? 반혁명의 위협, 제국주의 전쟁에서 냉전으로 이어지는 지속적인 체제 경쟁 등 다양한 이유를 거론할 수 있겠지만, 가장 근본적인 이유는 다음과 같이 설명할 수 있다.

이 모델을 채택한 거의 모든 나라에서 주요 생산수단을 국가의 소유로 만드는 국유화는 비교적 원활히 진행되었다. 대규모의 국유 농장, 국유 산업 시설이 만들어졌다. 그런데 국가가 생산자들에 의해 운영되려면 노동자와 하층민에게까지 더욱 실질적인 권리의 평등이 주어지고, 더욱 광범위한 민주주의의 제도화가 실현되어야 한다. 하지만 현실에서 국가권력은 혁명을 주도한 몇몇 세력에 의해 장악되고 관료화되면서 민주적으로 운영되지 못했다. 한마디로 말해, 생산수단은 국유화되었지만 국가는 생산자들에 의해 운영되지 못했던 것이다. 혁명을 주도한 세력의 국가권력 독점과 관료화는 소련에서 특히 스탈린 집권 이후에 가속화되었고, 사회주의를 표방한 다른 나라에서도 유사한 흐름이 나타났다.

마지막이자 세 번째 사회주의 모델은 '민주적 사회주의' 모델이다. 19세기 중반 이후 유럽에서 노동운동이 활발해지는 와

중에 중요한 제도 변화가 이루어졌다. 바로 모든 성인 남성을 포함하는 '보통선거권'의 확립이다. 노동자를 포함한 모든 성인 남성이 투표권을 갖게 되자 노동조합의 지지를 받는, 노동자를 대변하는 정당이 만들어지고 조금씩 의석을 확대해나가기 시작했다. 이 정당들이 현재의 독일 사회민주당과 영국 노동당 등 유럽 사민주의 정당의 전신이다.

민주적 사회주의 모델의 기원은 유럽 최초의 노동 계급 정당인 전독일노동자동맹이 생겨난 1860년대로 거슬러 올라간다. 1863년 노동자동맹 설립을 주도한 페르디난트 라살Ferdinand Johann Gottlieb Lassalle(1825~1864)은 마르크스와 엥겔스의 이론에 영향을 받아 계급투쟁의 필요성을 받아들였다. 그러나 그는 마르크스주의자들과 달리 온건한 계급투쟁만 인정했다. 마르크스는 국가 자체를 부정적으로 보았지만 라살은 국가의 역할을 받아들였다. 라살은 국가를 노동자의 이익을 증진시키고 노동조합에 기초한 경제를 만드는 수단이 될 수 있다고 보았다. 그는 선거를 통한 점진적인 개혁을 추구했으며, 평등선거나 생산자 협동조합에 대한 국가의 지원 등 민주적인 방식으로 실현 가능한 정책을 주장했다.

1871년 오토 폰 비스마르크Otto von Bismarck(1815~1898)가 주도한 독일 통일 이후 제국 의회 선거에서 25세 이상의 모든 성인 남성에게 선거권과 피선거권이 주어졌는데, 이 선거에서 독일 사회민주노동당이 비약적인 성공을 거두었다. 그리고 이 사회민주노동당과 라살의 전독일노동자동맹이 1875년에 통합하여 독일 사회주의노동당이 탄생했다.[*] 보통선거를 통한 의석수의 확대는 일군의 사회주의자들에게 의회 활동을 비롯한 제도권 내에서의 합법적인 정치과정을 통해서 사회주의를 실현할 수 있을 것이라는 믿음을 주었다.

특히 런던에 체류하는 동안 페이비언 사회주의Fabian Socialism의 영향을 받은 에두아르트 베른슈타인Eduard Bernstein(1850~1932)은 독일로 돌아와 수정주의라고 불리는 점진적 사회주의evolutionary socialism를 주장했다. 이후 논쟁을 거치면서 독일 사회민주당 내에서 베른슈타인의 수정주의가 부분적으로 수용되다가 제1차 세계대전이 끝난 뒤 정식으로 채택되었다.

영국은 기존의 자유당-보수당 체제를 사회민주주의 정당인 노동당이 깨뜨리고 올라온 역사를 갖고 있다. 1867년 제2차 선거법 개정을 통해 자영 상공인과 도시 노동자에게까지 참정권이 부여되자, 처음에는 자유당이 선거권 확대의 수혜를 입었지만 점차 독립노동당이 약진하기 시작했다. 이 과정에서 '페이비언 사회주의'라는 흐름이 등장했다.

---

[*]　독일 사회주의노동당은 1890년에 독일 사회민주당으로 당명을 바꿔 현재까지 유지되고 있다. 독일에서 가장 오래된 정당이며 프랑스 사회당, 영국 노동당과 함께 유럽 사회민주주의 정당의 주도적 역할을 담당하고 있다.

조지 버나드 쇼George Bernard Shaw(1856~1950), 시드니 웨브 Sidney James Webb(1859~1947) 등 영국의 젊은 사회주의 지식인들 은 1884년에 페이비언 협회Fabian Society를 결성했는데, 그 후 이 들이 영국의 사회주의를 주도했다. 페이비언 협회는 영국 노동 당의 창립에 큰 영향을 끼쳤고, 현재까지도 노동당 지도부의 대 부분이 이 협회의 회원으로 활동하면서 정책 개발과 인적 네트 워크를 통해 영국 사민주의와 노동당 정책에 막대한 영향력을 행사하고 있다. 페이비언이라는 명칭은 고대 로마 시대에 한니 발이 이끄는 카르타고군을 맞아 지구전을 펼치며 로마를 지켜 낸 파비우스 막시무스 장군의 이름에서 따온 것이다. 페이비언 사회주의는 계급투쟁과 프롤레타리아 혁명을 추구하는 마르크 스주의와 달리 합헌주의와 점진적 개혁의 불가피성을 강조했 다. 베른슈타인이 주장한 점진적 사회주의의 주요 논점은 바로 이러한 노선을 따라 그의 런던 체류 기간에 구상되었다.

유럽 각국의 노동자 정당은 초기에 이념적으로 혁명적 마 르크스주의를 지향했지만 베른슈타인에 의해 수정주의 이론이 제기된 이후 혁명적 마르크스주의와 결별했다. 민주적 선거를 통해 합법적으로 정권을 획득해 사회주의적 개혁을 시행한다 는 쪽으로 방향을 잡았다. 그들은 혁명적 마르크스주의자들로 부터 '개량주의'라는 비판을 받았지만, 20세기 들어 유럽의 여 러 나라에서 집권에 성공하고 여러 가지의 사회주의 정책을 실행했다. 사회민주주의는 제2차 세계대전 이후 경제학적으로 케인스주의와 결합되어 서유럽과 북유럽 국가가 30여 년간 최고의 풍요와 복지를 누리는 데 크게 기여했다.

민주적 사회주의 모델은 큰 틀에서 국가사회주의 모델과 마찬가지로 국가를 매개로 생산자와 생산수단을 다시 연결하려는 시도이다. 다만 러시아에서 일어난 것처럼 폭력적인 혁명이 아니라 합법적인 정치과정을 통해서 집권하는 것을 목표로 한다. 집권한 후에 국유화, 공영화, 공기업화 등 사회주의 정책을 추진할 수 있기 때문이다. 물론 합법적인 절차에 따라 개혁을 해야 하므로 생산수단의 국유화 정도가 낮고 사회변혁의 속도가 느릴 수밖에 없다. 하지만 민주적인 과정을 추구한다는 점에서 안정적으로 변화할 수 있다.

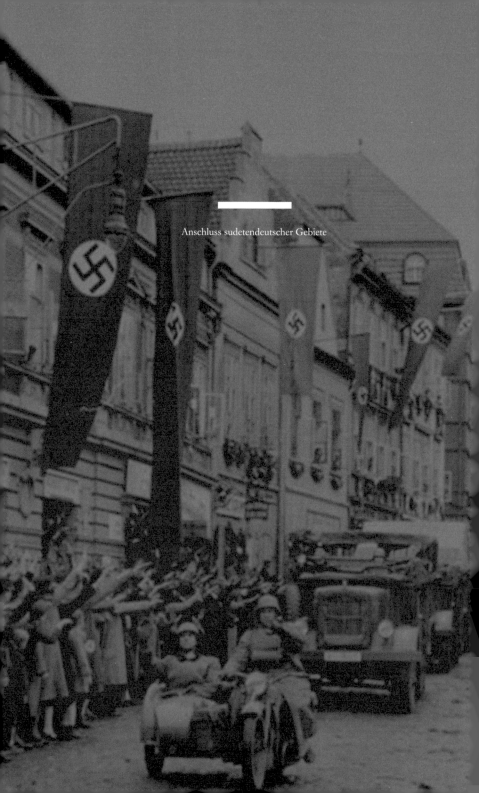

Anschluss sudetendeutscher Gebiete

제3부 **근대 정치의
딜레마**

POLITICS

18

사회진화론과
'문명화 사명'

제국주의와 식민 지배

유럽과 북아메리카에서 혁명 정신의 제도화와 시민권의 확장이 이루어지던 시기에 그 외의 지역에서는 서양 열강들에 의한 식민지 확장과 주도권 다툼이 진행되고 있었다. 특히 19세기 중반 영국이 청나라와의 두 차례에 걸친 아편전쟁에서 손쉽게 승리한 이후 서양의 군대를 막을 수 있는 나라는 지구상 어디에도 존재하지 않게 되었다.* 그때부터 유럽의 열강들에 새로운 식민지를 '개척'하는 것보다 기존의 식민지를 놓고 서로 쟁탈전을 벌이는 일이 점점 더 빈번해졌다.

19세기 초까지 서부와 남부의 일부 해안 지역으로 국한되

---

* 제2차 아편전쟁에는 프랑스와 러시아도 참전했다.

었던 유럽의 아프리카 점령은 1870년대부터 대부분의 지역으로 확장되어 유럽 열강들에 의해 아프리카 전역이 분할되었다. 영국과 프랑스가 선두에 섰고, 뒤늦게 독립하거나 통일국가를 이룬 벨기에(콩고), 독일(토고, 카메룬, 탄자니아), 이탈리아(에리트레아, 소말리아)가 경쟁에 뛰어들었다. 영국은 오스트레일리아, 뉴질랜드, 인도 등을 식민지로 만들고, 러시아의 남진 정책에 맞서 페르시아, 아프가니스탄, 버마(현재의 미얀마) 등에 대한 지배권을 확보했다. 네덜란드는 자바와 보르네오, 독일은 뉴기니 일대, 프랑스는 인도차이나를 점령했다. 일본과 미국도 제국주의 대열에 가세했다. 1895년 청일전쟁에서 승리한 일본은 중국으로부터 대만과 펑후 열도澎湖列島(대만 서쪽 해상의 여러 섬)를 할양받으면서 식민 지배를 시작했고, 미국은 1898년 쿠바와 필리핀에서 스페인군을 격파하고 제국의 길로 들어섰다.

19세기 말부터 20세기 초는 '제국주의 시대'로 불린다. 제국주의를 간단히 정의하기는 어렵지만, 보통 '한 국가나 민족에 의한 다른 국가나 민족에 대한 직접적이거나 간접적인 정치적·경제적 지배나 통제' 또는 '그러한 지배나 통제를 확립하려는 열망이나 노력, 성향'이라고 정의할 수 있다.[1] 다른 나라나 민족을 종속시킨다는 점에서는 식민주의와 크게 다르지 않았지만, 반드시 그 나라의 영토를 공식적으로 지배할 필요가 없다는 점에서 식민주의와 다르다. 다른 나라를 직접 통치하며 식민지로 삼지 않더라도, 정치적으로 또는 경제적으로 강력한 영향력을 미칠 수 있는 상태로 만들거나 혹은 만들고자 한다면 제국주의로 볼 수 있는 것이다.

영국의 역사학자 에릭 홉스봄Eric Hobsbawm(1917~2012)은 이 시대의 특징을 경제·정치·문화적 차원으로 요약했다. 우선 경제적 차원에서 이 시대에 발생한 주요 사실은 단일한 '지구 경제'의 창조였다. 식민지는 값싸게 원자재를 조달할 수 있는 수입처이자 유럽의 공장에서 생산한 공산품을 비싸게 수출할 수 있는 시장이었다. 유럽과 미국의 상인들은 아메리카와 아프리카, 그리고 아시아의 주요 거점을 무역로로 연결시켰다. 다음으로, 정치적 차원에서 제국주의는 자국의 대중에게 강력한 이데올로기적 응고제로 작용했다. 특히 잠재적으로 불만을 가진 이들로 하여금 스스로를 전 세계를 무대로 활약하는 제국의 일원으로 느끼도록 고무했고, 그래서 자신들이 속한 사회를 정당성을 가진 국가로 여기게 만들었다. 마지막으로, 제국주의는 문화적인 현상이기도 했는데 유럽인들의 식민지 정복은 늘 폭력을 수반했지만 유럽의 문명을 다른 지역에 이식시키는 것이기도 했다. 그 결과 유럽의 언어, 종교, 제도, 학문 등이 전 세계로 확산되었다. 오늘날 영어를 사용하는 국가와 프랑스어를 사용하는 국가의 존재는 영국과 프랑스 식민지 제국의 경계를 정확히 반영한다. 제국주의자들이 식민지 엘리트들에게 가져다준 것은

'근대화' 또는 '서구화'였다.

　제국주의는 사회진화론Social Darwinism을 통해 도덕적으로 정당화되었다. 사회진화론은 인류의 진보를 위해 서로 다른 능력을 가진 종족들 사이에 자연선택적인 생존경쟁이 계속될 필요가 있으며, 최고도의 '사회적 능률'을 가진 종족이 다른 종족을 지배하고 발전시키는 것이 바람직하다고 주장한다. 여기서 사회적 능률이란 강하다는 것을 의미하며 우월함으로 표상된다. 그것은 약하고, 그래서 열등하다고 낙인찍은 종족을 정복하고 지배할 수 있는 힘이기도 하다. 사회진화론은 영국 사회학의 아버지로 불리는 허버트 스펜서Herbert Spencer(1820~1903)가 찰스 다윈Charles Robert Darwin(1809~1882)의 진화론을 인간 사회에 적용한 것이다. 그런데 문제는 다윈의 진화론을 심각하게 왜곡해서 적용했다는 점이다.

　다윈이 핵심적인 진화 메커니즘으로 제시한 '적자생존'은 환경에 적합한 생명체가 살아남는다는 의미이다. 여기서 유의할 점은, 다윈이 말한 진화론에는 우열 개념이 들어가 있지 않다는 것이다. 즉 적자생존의 '적자'는 강하고 우월한 개체를 의미하는 것이 아니다. 어떤 종의 생물이 '우연하게도' 주변 환경에 적합했기 때문에 살아남은 것일 뿐이다. 그리고 그가 말하는 진화evolution가 진보를 함축하지도 않는다.

　하지만 스펜서의 사회진화론은 19세기 말부터 제2차 세계대전이 끝날 때까지, 제국주의 시대에 그 어떤 사회 이론보다도 영향력이 컸다. 사회진화론으로 무장한 제국주의자들에게 식민 지배는 (여러 가지의 불이익에도 불구하고) 기꺼이 감내해야 할 '문명화 사명'으로 포장되었다. 유럽의 기독교 문명을 다른 지역의 야만적인 종족에게 가르쳐야 한다는 것이었다. 당시 영국과 프랑스의 지식인과 정치인은 자신들의 우월한 문명을 전수함으로써 다른 지역의 야만인에게 시혜를 베풀고 있다고 굳게 믿었다.

누구든지 자신의 삶을 자기 방식대로 살아가는 것이 가장 바람직하다고 역설한 존 스튜어트 밀John Stuart Mill(1806~1873)도 제국주의의 선봉에서 영국의 식민 지배를 옹호했다. 특히 영국의 인도에 대한 식민 지배를 적극적으로 정당화했다. 인도인들의 발전과 이익을 위해 제국주의적 간섭이 불가피하다고 주장한 것이다. 자국의 가난한 사람들에게 강한 연민을 보였던 빅토르 위고 역시 프랑스가 '여러 민족의 구세주'이며, 다른 종족에게 꼭 필요한 사명을 수행하고 있다고 믿었다.

밀에 따르면 문명이 개화되지 못한 사회에서는 자발적인 진보가 매우 힘들기 때문에, 진보를 향한 열정과 능력을 갖춘 지도자가 야만인의 개화를 위해 '선의의 독재'를 휘두르는 것이 정당하고 바람직하다. 문명이 발달한 나라에서는 독재가 '악 중의 악'이지만, 대의정부를 운영할 만큼의 수준에 이르지 못한 곳에서는 강력한 독재가 최선의 정부 형태가 될 수 있다. 스스로 진보할 능력이 없는 민족에게는 좋은 독재자를 만나는 것이 문명 상태로 나아갈 수 있는 거의 유일한 희망이다. 그런데 그런 사회 안에서는 좋은 독재자를 찾기가 매우 힘들기 때문에 선의를 가진 외국의 독재자가 필요하다는 것이다. 그러면서 밀은 인류의 보편적 이익(문명, 평화, 번영 등)에 기여할 경우에만 제국주의가 정당화될 수 있다고 선언했지만, 그가 상상한 '선의의 제국주의'가 영국인이 식민지에서 실제로 수행한 일과 얼마나 큰 간극이 있는지는 파악하지 못했다.*

스펜서의 사회진화론은 문학 형태를 갖춰 더욱 극적으로 표현되었다. 『정글북』의 저자로 유명한 러디어드 키플링Joseph Rudyard Kipling(1865~1936)은 「백인의 임무 : 미국과 필리핀 제도」라는 시에서 '반은 악마이고 반은 어린애인' 다른 인종을 문명화할 책무가 백인에게 있다고 썼다. 키플링의 시가 발표된 1899년은 스페인의 식민 지배에 저항하는 쿠바와 필리핀의 독립 전쟁으로 시작된 스페인-미국 전쟁이 끝나고 필리핀-미국 전쟁이 시작된 해였다. 미국은 스페인군을 몰아내고, 새롭게 탄생한 필

---

* 반면 밀과 가깝게 지낸 토크빌은 영국 정치의 이중성과 위선을 신랄하게 비판했다. 토크빌은 '정말 참을 수 없는 것은 그들이 끊임없이 대의명분을 내세우고, 그들이 짓밟고 있는 현지인들의 이익과 발전을 위해 식민 통치를 한다고 미화한다는 점이다'라고 말했다. 영국이 인도를 지배한 이후 빈곤, 질병, 범죄 등이 크게 늘어났는데도 그들의 공식 문서에는 '권리, 법, 문명'이라는 말로 가득 차 있다는 것이다.

리핀 공화국을 인정하지 않고 지배함으로써 제국주의의 길로 들어섰다.

1868년 메이지유신을 통해 아시아에서 가장 먼저 근대화를 수용한 일본은 서양 중심적이고 제국주의적인 사유들까지 재빨리 자기네 것으로 받아들였다. 그 중심에 '일본 근대화의 스승'이라고 불리는 후쿠자와 유키치福澤諭吉(1835~1901)가 있다. 그는 막부幕府의 견외사절로 미국과 유럽을 순방하고 돌아와서 쓴 『서양사정』(1866년)이라는 견문록에서 '역사의 불가피한 대세'인 문명 동진의 추세에 따라 일본이 서양 문물을 받아들여 문명국의 길로 나아가야 한다고 주장했다. 유신 이후에 출판한 『학문의 권유』(1872년)와 『문명론 개략』(1875년)에서는 문명개화론을 펼쳤다.

그는 문명은 야만에서 미개로, 미개에서 문명으로 발전하는데 메이지유신 초기의 일본도 미개국 단계였다고 보고, 일본이 문명국 대열에 올라서려면 하루빨리 서양을 배워야 한다고 주장했다. 이것이 바로 아시아에서 벗어나 서구로 들어가야 한다는 '탈아입구론脫亞入歐論'이다. 조선과 중국은 자력으로 근대화할 능력이 없는 무지몽매한 '나쁜 이웃'이므로 일본은 그런 나라들을 버리고 서양 열강들과 대오를 같이해야 한다는 것이다. 마침내 그는 서양 열강들이 내세운 '문명화 사명'까지 수용하여 1882년에 '일본은 이미 문명으로 나아갔지만 조선은 아직 미개'하므로 '무력을 동원해서 이웃 나라의 문명개화를 돕는 것이 일본의 책임'이라고 썼다.

후쿠자와 유키치는 자신이 세운 학교 게이오기주쿠慶應義塾 (게이오 대학의 전신)에 조선인 유학생을 받아들여 교육시켰고 김옥균, 박영효, 서재필 등 조선의 개화파 지도자를 자문했다. 특히 김옥균은 후쿠자와를 '나의 스승'이라 부르며 존경했다. 후쿠자와는 1884년 개화파의 갑신정변을 열렬히 지지했으며, 개화파가 정변에 실패하고 일본으로 피신했을 때 그들을 도쿄의 자택으로 불러 위로해주기도 했다.

제국주의가 확산시킨 사회진화론적 관점은 서양식 교육을 통해 식민지의 젊은이들에게까지 영향을 미쳤다. 서양식 교육을 받은 식민지의 엘리트들은 유럽 제국주의자들의 생각을 그대로 내면화했다. 한국에서는 윤치호, 유길준, 서재필, 이광수 등 당대의 내로라하는 개화파 지식인들이 사회진화론을 받아들였다. 이른바 '식민지 근대화론'은 서양 열강들과 일본의 '문명화 사명'이 식민지 지식인들에게 이식된 결과물이다.

두 차례의 세계대전이라는 파국적인 결말로 제국주의 시대가 공식적으로 막을 내리고 식민 지배를 받던 대다수의 국가가 독립하게 되었다. 그러나 주요 열강들은 결코 제국주의를 포기하지 않았다. 러시아의 경우, 볼셰비키 혁명으로 탄생한 소비에트연방 초기에는 반제국주의를 표방하며 아프리카와 아시아의 독립운동을 지원했지만, 제2차 세계대전이 끝난 이후 동유럽의 여러 나라를 공산화시켜 위성국가로 만들고 그들의 민주화운동을 무력으로 진압했다. 프랑스는 베트남(1946~1954년, 제1차 인도차이나 전쟁)과 알제리(1954~1962년, 알제리 독립 전쟁)의 독립을 막기 위해 치열한 전쟁을 벌였으며, 예전 식민지였던 서부 아프리카 국가들에 대한 정치·경제적 개입을 지속해오고 있다. 미국은 베트남(1964~1973년, 제2차 인도차이나 전쟁), 아프가니스탄(2001~2021년), 이라크(2003~2011년) 등 세계 곳곳에서 직접 전쟁을 치렀다. 또한 1970~1980년대에는 쿠바의 바티스타 군사정권에 대한 지원을 시작으로, 칠레의 아우구스토 피노체트의 쿠데타를 비롯한 중남미의 군부 쿠데타를 지원하여 친미 군사정권이 세워지게 함으로써 지금까지도 전 지구적 지배를 추구하는 제국주의적 야망을 포기하지 않고 있다.

19

혁명을
거스르는 혁명

파시즘과 나치즘

제1차 세계대전이 끝난 이후 이탈리아 사회는 혼란에 빠져들었다. 이탈리아는 연합군 편에서 싸웠으나 1919년에 맺어진 베르사유 조약에서 승전국다운 대접을 받지 못했다. 그러자 이탈리아 대중들 사이에서 여러 불만이 터져 나왔고, 노동자들의 파업이 끊이지 않았다. 사회주의 운동이 영향력을 넓혀가고 있었고, 이탈리아 공산당 창당으로 농민과 노동자들이 독자적인 정치 세력으로 등장했다. 이에 이탈리아의 대지주나 자본가, 군부 세력 등 보수주의자들이 위기감을 느꼈다.

1919년 베니토 무솔리니Benito Muissolilni(1883~1945)는 밀라노에서 '파시 이탈리아니 디 콤바티멘토Fasci Italiani di Combattimento(이탈리아 투쟁단)'라는 조직을 결성했다. 당시 이탈리아에서는 제1차 세계대전 참전 용사들이 결성한 여러 소규모 정치단체가 파시fasci라는 명칭을 사용했다. 무솔리니는 한때 사회당에서 사회주의자로 활동했지만 당이 이탈리아의 세계대전 참전을 반대하자 탈당하여 참전 운동을 벌인 적이 있었다. 이탈리아어 '파시'는 라틴어 파스케스fasces에서 온 말로, 사전적 의미는 종종 도낏자루로 쓰였던 '단단히 묶은 나뭇가지 다발'인데, 고대 로마에서는 권위를 상징했다고 한다. 이 단어를 정치적 목적으로 처음 사용한 이들은 1890년대에 시칠리아의 사회주의 농민들이었는데, 그때부터 대중적 급진주의라는 의미를 갖게 되었다. 하지만 자신들의 투쟁 단체를 파시라고 칭한 최초의 파시스트들은 자신들의 신념을 이론화하거나 이데올로기를 정초하는 데에는 별로 관심이 없었다.

그로부터 2년 만에 파시즘이 대중적 운동으로 성장했지만, 그 의미는 여전히 모호했다. 파시즘에 이데올로기가 결여되지는 않았지만, 그 성격은 늘 불분명하고 일관성이 없었다. 파시스트들은 마르크스주의와 자본주의를 모두 규탄했다. 그들은 자유주의자들에 대해서도 적대적이었지만 권력을 얻기 위해 그들과 기꺼이 손을 잡기도 했다. 개념의 모호성에도 불구하고 파시즘은 빠르게 20세기의 강력한 정치 운동 중 하나로 부상했다.

1921년 국가 파시스트당Partito Nazionale Fascista을 창당한 무

솔리니는 이듬해 당의 준準군사 조직인 검은셔츠단camicie nere을 이끌고 로마로 진군했다. 당시 이탈리아의 국왕 비토리오 에마누엘레 3세는 저항하지 않고 무솔리니에게 내각을 구성해달라고 요청했고, 무솔리니는 자유주의자들과 함께 구성한 연정의 총리가 되었다. 이윽고 1930년 무렵부터는 많은 이들이 파시즘과 반파시즘 간의 투쟁을 국내외 정치의 주요 쟁점으로 여기게 되었다. 영향력 확대를 꾀한 무솔리니 정권의 노력으로 1925년에 이미 유럽의 몇몇 국가에서 최소 45개의 단체가 '파시스트'를 자처했다.

한편 오스트리아 태생이었지만 독일군으로 제1차 세계대전에 참전한 아돌프 히틀러Adolf Hitler(1889~1945)는 독일 노동자당Deutsche Arbeiter Partei의 일원이었다. 초기의 독일 노동자당은 뮌헨에 기반을 둔 작은 정당이었는데, 1920년에 '국가사회주의 독일 노동자당Nationalsozialistische Deutsche Arbeiterpartei'으로 당명을 바꾸었다. 나치Nazi 또는 나치스Nazis는 바로 이 당명의 줄임말이다.

히틀러는 뛰어난 대중 연설로 유명세를 탔고, 1921년에 당의 최고지도자가 되었다. 그는 무솔리니와 파시스트당이 로마 진군에 성공한 것에 자극받아 1923년에 반란을 일으켰다가 실패하여 투옥되었다. 그는 감옥에서 쓴 『나의 투쟁Mein Kampf』에서 '유대-볼셰비키' 러시아에 맞서 동유럽을 정복하고 게르만 민족의 생존권을 동방으로 확장하는 것이 독일의 사명이라고 주장했다. 그리고 이 사명을 완수하려면 인종의 적과 민주주의를 박멸함으로써 독일인의 퇴락을 막아야 한다고 역설했다. 이 자전적 저서에 담겨 있는 히틀러의 주장에는 사회진화론, 제국주의, 인종주의가 혼재되어 있었다.

1920년대에 바이마르 공화국은 비교적 안정적이었으나, 1929년 미국에서 시작된 대공황은 제1차 세계대전에서의 패배로 취약해진 독일 경제에 심각한 타격을 입혔다. 불황으로 기업이 도산하고, 농가 부채가 늘어나고, 대량 실업이 발생했다. 이에 도시 노동자들도 좌파 정당에 대한 지지를 철회하고 보수화되었다. 그 결과 나치당은 1930년 총선거에서 18.3퍼센트의 득표율로 독일 사회민주당에 이어 제2당이 되었고, 1933년 대통령 파울 폰 힌덴부르크는 히틀러를 총리로 임명한다. 총리가 된 히틀러는 보수 세력과 군부의 협력을 얻어 좌파와 민주 진영의 정적들을 감금, 납치, 암살, 고문, 불법적인 재판과 처벌 등으로 탄압하고, 기존 바이마르 공화국의 무능함을 비판하여 인기를 모았다. 결국 1934년 8월에 힌덴부르크 대통령이 사망하자 국민투표를 실시해 총리가 대통령의 지위를 겸하게 되었고, 그 지위를 총통 및 총리Führer und Reichskanzler, 약칭 총통Führer이라 칭했다.

파시즘과 나치즘은 많은 면에서 근대가 이룩한 성취에 대한 반동이었다. 그것은 근대의 이성주의, 자유주의, 사회주의, 페미니즘에 대한 반동이었다. 그러나 다른 한편으로는 근대가 지향한 방향성의 연장선상에 있었다. 파시즘과 나치즘이 발흥한 이탈리아와 독일은 공통적으로 유럽 내에서 뒤늦게 통일을 이루고 중앙집권적인 근대적 국민국가를 이룬 나라이다. 그에 따라 산업화도 영국, 프랑스에 비해 늦었고 해외 식민지 쟁탈전에도 뒤늦게 뛰어들 수밖에 없었다. 파시즘과 나치즘은 배타적인 민족주의nationalism를 통해 강력한 국가를 건설하고, 뒤늦은 산업화를 극복하려는 시도였다. 다른 유럽의 열강들보다 뒤늦게 참여하여 식민지 쟁탈전을 벌였고, 제국주의의 토대였던 인종주의(사회진화론, 우생학)를 극단으로 밀어붙였다.

파시즘과 나치즘은 근대가 추구한 또 하나의 흐름이었던 사회주의와 민주주의를 교묘하게 왜곡해서 자신들에게 유리하게 활용하기도 했다. 자본주의의 폐해와 위기에 대응하는 방식으로 사회주의에 경도되어 있던 노동자들의 불만을 규합했고, 대중 선동을 통한 동원과 지지를 기반으로 권력을 강화했던 것이다. 무솔리니와 히틀러는 둘 다 사회주의자로 활동한 경력이 있었고, 히틀러의 당명에는 '사회주의'와 '노동자'라는 말이 들어가 있다. 파시즘과 나치즘은 아래로부터의 대중운동이라는 성격이 강하다. 특히 나치즘은 대중적인 지지를 바탕으로 형식적으로나마 민주주의 제도라고 여겨지는 선거를 통해 합법적으로 권력을 획득한 뒤 민주주의와 헌정 질서를 파괴하는 독재를 펼쳤다.

이탈리아와 독일의 파시즘은 제2차 세계대전의 패전으로 막을 내렸지만, 그것을 추동한 대중적 욕망과 정치적 선동이 극복되고 사라진 것은 아니다. 인종주의, 배타적 민족주의와 외국인 혐오, 강력한 카리스마를 가진 독재자나 전체주의적 국가에 대한 향수 등 과거 파시즘이 보였던 모습이 극우 포퓰리즘과 함께 세계 곳곳에서 변형된 형태로 등장하여 지금도 세력을 확장하고 있기 때문이다.

제3부 근대 정치의 딜레마

20

자본주의 시장과
관료제 국가

칼 마르크스와 막스 베버

칼 마르크스는 근대에 이루어진 지배 양식의 변화에 주목했다. 간단하게 말해서 그것은 정치적 지배 (또는 물리적 폭력에 의한 지배)에서 경제적 지배로의 변화이다. 자본주의 사회에서 사람들은 오랫동안의 신분 세습제에서 벗어났지만, 그 대신에 '자유롭게' 노동시장의 질서에 순응하게 되었다. 마르크스는 억압적인 착취 구조가 자본주의적 생산관계에 내재한다는 사실을 고발했다. 그는 경제적 강제라고 부를 수 있는 것을 꿰뚫어보았는데, 우리가 정치적으로 해방되면서 경제의 노예가 되었다는 것이다.

마르크스에게 자본주의 생산양식에 의해 지탱되는 경제적 강제는 근대적 지배의 핵심을 이룬다.* 노동계약은 형식적으로 평등한 두 파트너 간의 합의로 이루어지지만, 그 형식적으로 자유로운 계약이 실제로는 지배관계를 만들어낼 수 있다. 특히 고용주가 노동자에게 명령하는 자본주의적 노동조직의 경우에 그러하다. 노동자에 대한 자본주의의 전횡을 가능케 하는 것은 '경제 관계의 은근한 압박dull compulsion of economic relations'이다. 종종 무자비한 무력의 사용에 여전히 의존하지만 발전된 자본주의 사회에서 그것은 예외일 뿐이다.

자본주의의 경제적 압박은 노동자와 생산수단의 분리에 기초한다. '자본주의적 생산과정은 스스로 노동자와 노동조건의 분리를 재생산한다. 그것을 통해 노동자는 생존을 위해 스스로를 팔도록 강요하는 조건을 재생산하고 영속화한다.'[1] 이러한 생산양식이 일정한 발전 단계에 도달하면, 이 메커니즘은 모든 저항을 무력하게 한다고 마르크스는 보았다.

베버의 이론은 부분적으로 마르크스주의 전통에 대응(반박)하면서 얻은 영감을 발전시킨 것이다. 그러나 근대 이후의 자본주의적 경제구조에 대한 그의 비판적 시각은 자본주의에 대한 마르크스의 정의와 상당히 유사하다. 베버는 노동계약이 형식적으로는 평등한 두 파트너 간의 합의로 보이지만, 형식의 관점

---

* 마르크스는 현대적 용법의 '이데올로기' 개념의 창안자로서 자본주의적 경제 관계의 '폭력적' 현실을 감추거나 왜곡시키는 지배의 이데올로기적 차원을 인지하고 있었다. 하지만 그는 이에 대한 이론을 본격적으로 발전시키지는 않았다.

에서 자유롭게 설정된 그러한 계약이 지배-종속의 관계를 낳을 수 있다고 보았다. 특히 고용주가 노동자에게 명령하는 자본주의적 질서가 '자유롭게 봉신 관계에 들어가는' 봉건 군주-봉신의 관계와 크게 다르지 않다고 보았다.

그러나 이러한 고찰을 하는 중에 베버는 다음과 같이 썼다. '복종은 군사적 규율 차원에서 형식적으로 강요되든, 작업장의 규율 차원에서 형식적으로 자발적이든, 그것은 작업장의 규율 자체가 지배에 상응한다는 사실에 관해서는 아무것도 바꾸지 못한다.'[2] 베버는 노동 규율은 '자유로운 노동과 생산수단의 전유에 최적이다'라고 말하는 데까지 나아간다. 베버에게 자본주의적 생산의 합리성은 본질적으로 개인의 믿음이 아니라 경쟁이라는 명백한 상황에서 수익이라는 객관적 필요에 기초하는 것이다.

군사적이거나 사법적인 무력은 근대 자본주의 사회의 응집력에 있어서 분명히 주요한 요소일 수 있다. 그러나 다양한 매개물로 조직되는 경제적 강제는 의미심장하다. 자본주의적 조직에서 생산관계의 핵심은 노동자가 경영진에 의해 통제되고 생산수단으로부터 분리되어 있다는 점이다. 베버는 이러한 노동자와 생산수단의 분리를 자본주의적 생산의 본질적인 조건으로 받아들인다. 형식적인 측면에서 '자발적인' 노동의 조직화는 '노동자들로부터 모든 생산수단을 몰수expropriation하는 것,

주식 소유자들이 기업을 전유appropriation하는 것과 함께 대규모의 수요를 충족하는 전형적이고 지배적인 방법'[3] 이다. 그러므로 자본주의는 다른 무엇보다도 몇몇 사람에 의한 생산수단의 전유로 특징지어진다.

그러나 베버의 관점에서 자본가가 노동자(생산자)로부터 생산수단을 분리하는 것은 '근대성'이라는 보다 일반적인 현상에서 나타나는 특정한 사례일 뿐이다. 그래서 마르크스처럼 그것에만 중요성을 부여하지 않는다. 마르크스는 통제와 분리를 자본주의적 경제 관계의 특징적인 요소로 여겼지만, 앤서니 기든스Anthony Giddens(1938~)의 표현을 빌리자면, 베버는 그러한 통제와 분리를 오히려 정치로부터 경제로의 이동으로 일반화하려는 경향이 있다.

베버는 이러한 생각을 자본주의 경제만이 아니라 근대 사회의 모든 영역에 적용했다. 경제에서뿐만 아니라 군대, 공공 행정, 연구실에서도 그러한 현상이 발견되므로 그것은 근대 국가와 자본주의 경제에서 공통적이며, 서양 사회의 구조화에 있어서 결정적인 원칙이라고 보았다. 예컨대 경제에서는 생산수단, 군대에서는 전쟁수단, 공공 행정에서는 실질적인 행정 수단과 모두에게 필요한 재정 수단, 대학이나 연구소에서는 연구 수단의 '분리'가 국가의 정치적·문화적·군사적 기능과 사적 자본주의 경제에서 공통적인 결정적 토대라는 것이다.

자본주의 기업에서 노동자가 아무런 생산수단도 사유하지 못하는 것과 마찬가지로 근대 국가의 종사자는 어떠한 개인적 권위도 소유하지 않는다. 베버는 '현대 국가는 행정 관료나 행정 직원으로부터 행정 수단을 분리하는 데 완전히 성공했다. 이 점이야말로 국가라는 개념에서 본질적인 것이라 할 수 있다'고 말한다. 그는 자본주의적 조직과 근대 국가가 공통의 원천을 가지는 지배구조라는 점을 분명히 했다. 이러한 시스템은 규율을 발전시키는 데 유리하게 작동한다. 베버는 생산수단으로부터의 노동자의 분리를 자본주의적 생산관계의 특수성이라고 본 마르크스의 분석을 다른 영역으로까지 확대하면서, 행정 수단으로부터의 공무원의 분리가 관료제적 지배의 작동을 설명하는 데 있어서 마찬가지로 결정적이라고 보았다. 이 두 경우에서 그러한 수단의 사용을 결정할 권력은 각각 국가와 기업의 수장에게 있다.

근대 국가의 발전은 군주가 그와 공생해온(독립적이고 사적인 privaten 행정 권력을 소유한) 계층의 권한을 박탈함으로써 시작되었다. 그때까지 이 계층은 유럽 여러 곳의 봉건 영주가 그러했듯이 행정 수단, 전쟁수단, 재정 수단 및 기타 정치적으로 이용 가능한 모든 종류의 재화를 직접 소유하고 있었다. 전체적으로 그 과정은 독립적 생산자의 생산수단을

점차 박탈하는 것으로 진행된 자본주의 기업의 발전 과정
과 아주 유사하다.[5]

베버에게 근대 사회를 본질적으로 특징짓는 것은 자본주의
가 아니라 관료제다. 베버의 분석에 따르면 관료제는 정치제도
와 근대 경제조직에 동시에 존재한다. 그것은 한편으로 '헌법상
의 권위Behörde'로서 국가와 연결되어 있지만, 또한 점점 더 분명
한 방식으로 자본주의 기업에 통합된다. 그것은 공적인 것과 사
적인 것의 경계를 초월한다. 우리는 베버의 저술 곳곳에서, 특히
『신독일에서의 의회와 정부Parlament und Regierung im Neugeordneten
Deutschland』(1918년)의 두 번째 장에서 자본주의 경제와 근대 국
가의 유비類比, 좀 더 구체적으로는 '정치에서 경제로의 일반화'
를 발견할 수 있다.

사회과학적인 관점에서 보면 현대 국가는 공장과 마찬가지
로 하나의 기업enterprise이다. 이것이 바로 국가의 역사적 특수성
이다. 그리고 기업 내부의 지배관계 역시 종종 동일하게 규정된
다.[6] 동일한 합리화의 과정에서 나온 이러한 두 가지의 구조적
현실 세계는 인간의 자유를 제한하는 동일한 결과를 산출한다.
경쟁 게임을 통해 독립적인 생산자를 퇴출시킴으로써 자본주
의적 기업들capitalist enterprises이 생산수단의 통제를 독점하고자
하는 것처럼, 군주들의 정치적 기획들political enterprises은 역사적

으로 작은 권력 소유자들로부터 관리 수단을 독차지하는 것을 추구했다.

베버는 관료제화가 공장의 피고용자나 군인과 마찬가지로 기술 전문가들이 상급자에 대한 복종을 의무화하는 방식으로 그들의 작업을 관례적으로 만든다고 명시적으로 말한다. '군사 권력의 소유자인 장교는 민간 행정가와 구별되지 않는다. (……) 군대의 무력은 복무의 규율에 기초한다. 지방행정에서 관료주의가 작동하는 것도 거의 다르지 않은 형태 아래서이다.' 그리고 '현재의 대기업에서도 마찬가지다'.

그는 이러한 생각을 구체적인 사례를 통해 명확히 밝혔다. 예를 들어 러시아 군인들은 (전반적으로) 더 이상 전쟁이 진행되기를 바라지 않았다. 그러나 그들은 전쟁을 해야만 했다. 왜냐하면 경제적 경영 수단의 소유자인 자본가들이 노동자들을 공장과 광산으로 내몰듯이, 러시아 군인들이 살아가는 데 도움이 되는 실질적인 전쟁수단과 물품을 소유한 행정 권력의 소유자들이 병사들을 강제로 참호에 몰아넣었기 때문이다.[7]

21

모든 권력을
사회로

68혁명, 근대 국가에 대한 근본적 비판

1968년을 전후로 세계 곳곳에서 대규모의 변혁 운동이 일어났다. 서유럽과 북아메리카의 선진 자본주의 국가뿐만 아니라 개발 도상에 있던 남아메리카·아시아·아프리카 국가, 그리고 사회주의권에 속하는 동유럽에서까지 지구적 차원에서 동시다발적으로 터져 나온 이 운동을 흔히 '68혁명'이라고 부른다. 파리 낭테르 대학이 학생들과의 대립으로 학교를 일시 폐쇄하자 이에 항의하여 소르본 대학의 학생들이 5월 3일에 광장으로 나오면서 이 운동이 시작되었다.

파리에서의 학생과 노동자의 시위 및 파업은 6월 들어 베를린과 로마로 퍼져나갔다. 대학생들의 학교 점거는 영국, 미국 등 다른 나라로 급속히 확산되었다. 미국에서는 베트남 전쟁 반대로 시작되었지만 인종차별이나 여성 차별에 저항하는 사회운동으로 확대되었다.

청년들의 거센 시위는 유럽과 미국뿐 아니라 칠레, 우루과이, 아르헨티나, 멕시코 등지에서도 발생했으며 진압 과정에서 수많은 생명을 앗아가는 참사를 빚기도 했다. 아시아에서는 일본에서 혁명의 불길이 타올랐다. 도쿄 대학, 오사카 대학 등 주요 대학에서 점거 투쟁이 벌어졌고, 미군 기지도 습격당했다. 젊은이들이 주축이 된 일련의 저항과 봉기는 사회주의 블록에 있던 동유럽의 여러 나라에서도 일어났다.

미국의 사회학자 이매뉴얼 월러스틴Immanuel Wallerstein(1930~2019)은 '이제껏 세계적 혁명은 단둘뿐이었다. 하나는 1848년에, 또 하나는 1968년에 일어났다. 둘 다 실패로 끝났지만 둘 다 세계를 뒤흔들어놓았다'고 단언했다. 세계 체제론자들은 68운동의 기저에 근대 이래로 구축되기 시작한 세계 경제의 단일성과 계급투쟁의 보편성 아래서 중심부, 주변부, 반주변부의 동시적 혁명만이 세계 체제에 균열을 낼 수 있다는 믿음이 존재했다고 주장한다.

이 저항과 혁명의 거대한 흐름이 시작된 직접적인 계기는 베트남 전쟁이었다. 베트남 인민들의 제국주의에 대한 끈질긴 저항은 전 세계의 반전 평화주의자들의 심금을 울리기에 충분했다. 1968년 1월 '구정 대공세'로 명명된 대대적인 베트남의 반격은 전 세계 젊은이들과 시민들의 반전·반제국주의 운동과 변혁 운동에 기름을 붓는 격이었고, 세계 곳곳에서 이에 호응하는 운동이 일어나는 데 결정적으로 기여했다.

월러스틴은 68운동이 미국 헤게모니와, 그와 적대적으로 공생했던 소비에트 체제에 대한 반발로 일어났다고 본다.[1] 하지만 좀 더 근원적인 시각으로 보면 전 지구적 변혁 운동으로서 68운동의 배경은 근대성 자체에 대한 반발이었다. 특히 중앙집권화되고 관료화된, 나아가 미국과 소련을 정점으로 하는 제국주의적 패권 질서를 구성하는, 근대적 국민국가에 기초한 전 지구적 자본주의 체제에 대한 저항이라는 측면이 깔려 있었다.

앞에서 언급했듯이 막스 베버는 마르크스의 자본주의 분석과 마찬가지로 생산자와 생산수단의 분리가 자본주의적 생산관계의 본질적인 조건이라고 지적한 바 있다. 자본주의는 무엇보다도 노동자로부터 생산수단의 분리, 그리고 소수에 의한 생산수단의 전유라는 특징을 갖는다는 것이다. 그런데 베버에게 생산 주체와 생산수단의 분리는 자본주의 경제구조뿐만 아니라 근대성이라는 보다 일반적인 현상에서 나타나는 특정한 사례일 뿐이다. 베버는 생산수단으로부터 노동자의 분리가 자본주의적 생산관계의 핵심이듯이, 행정 수단으로부터 공무원의 분리가 근대 국가의 관료제적 지배를 설명하는 데 있어서도 마찬가지로 결정적이라고 보았다.[2]

그렇다면 근대 국가가 독점한 그러한 수단이 그 이전에는 어디에 있었을까? 지역공동체, 직능단체 등 포괄적 의미의 '사회'라는 영역이다. 근대 국가가 등장하기 전에 사회는 전통, 관습, 규범 등에 따라 자율적이고 자치적으로 관리되고 운영되었다. 근대인들은 이전에 사회 또는 공동체가 관리하던 다양한 수단을 국가의 영역으로 포함시켰다. 지역공동체 차원에서 자치적으로 운영되던 폭력 수단, 사법 수단, 교육 수단, 연구 수단, 의료 수단, 구호 수단 등 인간의 사회적 삶에 필요한 주요 수단을 중앙 권력의 관리와 통제의 대상으로 만든 것이다. 중앙집권적이고 관료제적인 국가는 20세기 중반까지 강화되고 확대되었다. 그것은 자본주의의 발전과 산업화로 인해 급속히 확대된 자유방임적 시장의 폐해를 견제하기 위한 것이기도 했다.

특히 1930년대에 대공황을 극복하는 과정에서 서유럽과 미국에서는 케인스주의에 기반을 둔 (복지) 국가자본주의(또는 사회민주주의)를, 동유럽에서는 스탈린주의로 대별되는 국가사회주의state socialism 또는 관료적 사회주의를 발전시켰다. 또 다른 형태의 국가사회주의Nationalsozialismus를 표방했던 파시즘과 나치즘은 제2차 세계대전에서의 패배로 무너졌다. 세 진영은 각기 다른 정치·경제적 목표를 지향했지만 자유방임적 시장의 폐해를 극복하기 위해 중앙정부에 권력이 집중된 관료제적 국가를 통해 근대화·산업화를 추구했다는 점에서는 본질적으로 통하는 점이 있었다. 1968년을 전후로 세계 각지에서 일어난 봉기는 다름 아닌 근대 국가의 중앙집권적이고 관료제적인 지배에 대한 저항이었다. 서구에서는 케인스주의와 복지국가로 대별되는 국가자본주의와 그에 협력한 구좌파, 동유럽에서는 스탈린주의로 대별되는 국가사회주의에 대한 저항이 동시에 일어난 것이다.[*]

이처럼 68운동과 함께 등장한 새로운 좌파는 구좌파가 비판해온 자본주의 시장체제뿐만 아니라 그에 결합한 권위주의적 근대 국가체제에 대해서도 근본적인 비판을 가했다. 근대 이후 시장과 국가가 독점해온 삶의 수단에 대한 주도권을 '사회'로 되찾아오고자 한 것이다. 따라서 그들이 추구한 자본주의의 극복 방안 역시 소련에서 스탈린이 주도한 것과 같은 생산수단의 국유화가 아니라 '자주 관리'로 표상되는 생산수단의 사회화(사회적 공유)였다. 그것은 1848년과 1871년 혁명에서 좌절된 '코뮌주의' 운동이나 1917년 볼셰비키 혁명 당시 레닌이 내걸었던 '모든 권력을 소비에트로!'라는 구호를 다시 현실화하고자 하는 시도였다. 더 가깝게는 스탈린의 국가사회주의에 반기를 들

---

[*] 그런 점에서 프랑스의 68세대에게는 프랑스 역시 파시즘으로 묘사되었다. 그들은 '새로운 파시즘'이라는 개념을 통해 기존의 억압적 성격의 권력뿐 아니라 눈에 보이지 않는 방식으로 개인의 일상적 삶과 사고의 영역까지 침투하는 권력을 고발하고자 했다. 그들에게 파시즘은 양차 대전 사이에 존재했던 한시적인 정치체제가 아니라 근대 국가 내부에 깔려 있는 본질적인 특성이었던 것이다.(홍태영, 「프랑스 68혁명의 계기와 한국의 2008」, 〈경제와 사회〉 제80호, 2008년, 126쪽)

고 '자주 관리적 사회주의'를 건설하려 했던 유고슬라비아의 사례에서 영감을 얻은 것이기도 하다.[3] 다만 68세대는 유고슬라비아의 자주 관리 개념을 보다 광범위한 영역에 적용하는 '일반화된 자주 관리', 즉 일상생활 전반에 적용할 수 있는 것으로 확장시켰다.

68운동과 함께 등장한 새로운 좌파의 목표는 '사회적 삶과 분리된 영역으로서의 정치' 개념을 철폐하는 것이었다. 잉그리트 길혀홀타이Ingrid Gilcher-Holtey는 신좌파가 민주주의의 대리적이고 대의적인 조직 형태로의 환원을 비판하고 새로운 형태의 정치적 정체성 형성을 실험했으며, 그것은 자기 삶의 영역에서 정체성을 형성하는 구조에 직접 정치적으로 관여하는 실험이었다고 해석했다.[4] 1970년대에 미국 여성운동의 유명한 구호 '개인적인 것이 정치적이다'도 이런 맥락에서 나온 것으로 이해할 수 있다. '일상의 정치화'를 주장한 이 구호는 프랑스의 페미니즘뿐만 아니라 68운동 전반이 공유한 것이다. 이처럼 68운동은 정치적인 것의 범주 자체를 재정립하여 '일상과 정치의 결합'을 추구했다.

유럽에서 68운동을 주도한 학생과 노동자들은 대학과 공장에서 자주 관리를 직접 실현하고자 행동했다. 대학생들은 권위주의적 교육 시스템을 비판하고 대학의 자율적 운영과 자치를 실천했다. 노동자들은 자신들이 점거한 공장에서 기업주나 경영자 없이도 노동자평의회를 통해 스스로 생산수단을 통제하고 생산을 계속할 수 있음을 증명하고자 했다. 여성들은 가부장주의적 억압에 반해 자신의 삶을 스스로 개척할 수 있는 권리, 생물학적 성 역할이 아니라 자신의 사회적 역할을 스스로 결정할 수 있는 권리를 부르짖었다.

일부 학자들은 68운동을 실패한 혁명으로 평가한다. 68운동으로 프랑스에서는 드골 대통령이 물러났지만 그의 후계자인 조르주 퐁피두의 대통령 당선으로 보수 세력이 재집권했고, 세계적인 차원에서는 정치의 흐름이 신자유주의로 보수화하는 쪽으로 이어졌기 때문이다. 하지만 이러한 평가는 혁명을 국가권력을 쟁취하기 위한 정치투쟁의 차원으로만 좁혀서 보기 때문에 나온 것이다.

68운동의 결과로, 대학을 평준화하고 권위적이었던 교수-학생의 관계를 개선했으며 대학 운영과 행정에 학생들의 참여가 부분적으로 허용되었다. 최저임금제가 개편되고 노동자 지주제가 도입되는 등 노동자의 삶의 조건이 개선되었고 노동자의 경영 참여 기회가 점차 확대되었다. 피임 자유화, 낙태 합법화 등 여성의 성적 자기결정권이 확대되었다. 지역 자치와 지방분권이 강화되었다. 68운동은 다양한 사회운동으로 끊임없이 이어지면서 사회 전체의 문화를 근본적으로 변화시켰다. 대학 자치를 위한 학생운동, 노동자의 자주 관리를 추구하는 노동운

모든 권력을 사회로

동, 성적 차별을 거부하고 성적 자기결정권을 쟁취하기 위한 여성운동, 근대적 개발과 성장 논리에 기초한 산업화를 거부하는 생태환경운동, 차별을 반대하고 모든 인간의 평등한 권리를 추구하는 인권운동, 미·소 양극 체제로 지속된 제국주의에 반대하는 반전 평화운동 등 새로운 사회운동을 태동시켰다. 이러한 새로운 사회운동의 흐름은 녹색당의 등장 등 정당 체제를 변화시켰고, 일부는 기존 정당의 정책 목표에 반영되었다.

요컨대 68운동은 단지 국가권력을 교체하고자 하는 투쟁이 아니라 국가와 시장이 독점한 권력을 사회로 되찾아오기 위한 투쟁이었다. 근대 이후 진행되어온 시장과 국가 영역의 확장과 권력 집중을 비판하고 사회 영역의 자치적이고 자율적인 질서를 복원하고자 한 것이다. 68운동 참여자들은 단순히 중앙 정치의 정책 결정 과정에 시민의 참여를 확대하라고 요구한 것만이 아니라 삶의 다양한 영역에서 자율·자치·직접 행동을 스스로 실천하고자 했다. 68운동이 지향한 길은 정치적·제도적 민주주의를 넘어 일상적 삶의 민주화, 사회의 민주화였다.

22

사회 같은 건 없다

신자유주의와 국가의 배신

1930년대에 대공황을 극복하기 위한 대안을 모색하는 과정에서 두 가지의 경제학 흐름이 등장했다. 하나는 케인스주의이고 다른 하나는 신자유주의이다. 영국의 경제학자이자 외교관으로 활동한 존 메이너드 케인스John Maynard Keynes(1883~1946)는 1936년에 『고용, 이자 및 화폐의 일반 이론』, 흔히 '일반 이론'이라고 불리는 책을 발표했다. 이 책은 기존의 신고전파 경제학자들의 시장주의를 비판하면서 유효수요이론을 제시했다. 유효수요effective demand란 구매력이 뒷받침되는 수요를 말한다. 케인스 이론의 핵심은 이 유효수요가 부족해서 실업이 발생하고 공황으로 이어지므로, 국가가 유효수요를 확대하는 정책을 펼쳐야 한다는 것이다.

한편 신자유주의의 아버지로 여겨지는 프리드리히 폰 하이에크Friedrich von Hayek(1899~1992)는 오스트리아의 빈 출신으로 대공황 직후에 런던 정치경제대학교LSE의 촉망받는 교수가 되었다. 그는 공황의 원인이 시장의 불완전성 때문이 아니라 정부의 의도적인 시장 개입 때문이라고 주장했다. 정부의 시장 개입은 가격과 임금의 통제 및 독점을 낳아 개인의 자유로운 경제활동을 교란한다고 보았다. 시장에서 벌어지는 경쟁 게임의 결과에 개입하거나 평등한 분배를 요구하는 것은 비도덕적이며 정의롭지 않다고 주장했다. 이러한 관점에서 최저임금제나 노동조합에 대해서도 부정적이었다.

제2차 세계대전이 끝난 후 대부분의 선진 자본주의 국가가 케인스의 이론을 채택했다. 케인스주의를 채택한 국가는 투자와 기업 경영에 관한 개인의 자유로운 결정을 존중하면서도 신용, 통화, 금융기관의 감독과 관련한 다양한 규제와 정책으로 경제활동과 경제성장의 수준을 통제하고, 경제 상황에 따라 정부의 지출을 조절했다. 그것을 통해 구매력 향상과 사회보장을 강화하고, 일자리와 노동조건을 보장하며 완전고용을 추구했다. 성장의 열매는 임금 상승을 통해 분배되어야 한다는 생각이 자연스럽게 받아들여졌다. 정부는 교육, 연구, 산업정책 등에 관여하기 시작했고 특정 경제 부문을 직접 담당하기도 했다.

1945년부터 제1·2차 오일쇼크가 일어난 1970년대 중반까지 약 30여 년간 케인스주의를 채택한 선진 자본주의 국가들은 엄청난 호황을 누렸다. 두터운 중간계층이 나타난 것도 이 시기이다. 프랑스에서는 이 시기를 '영광의 30년Trente Glorieuses'이라고 부른다. 이 30년 동안 프랑스는 연평균 5.1퍼센트의 경제성장을 구가했고, 평균 실업률은 1.4퍼센트로 완전고용을 실현했다. 대량소비시대가 열리면서 국민의 생활수준 또한 급속히 향상되었다. 무상교육과 무상의료가 정착되고, 연 5주간의 유급휴가가 주어지는 등 사회보장제도와 노동조건도 획기적으로 개선되었다. 이렇게 케인스주의 경제체제에서 호황이 지속되면서 신자유주의의 목소리는 사라지는 듯했다.

하지만 1970년대 후반에 경제 패러다임의 전환이 일어났다. 전환이 일어난 근본적인 배경은 자본의 수익성이 하락하고, 이 하락이 자본가 계급의 수익에 영향을 미친 것이다. 그때까지 케인스주의에 입각한 공적 경제기구의 관리들은 재정을 사용하여 경제성장과 고용을 촉진하는 정책을 수행하는 데 주력했다. 그런데 이것은 금융 수익에 사실상 불리한 것이었다. 자본가 계급은 자신의 이해에 맞게 흐름을 바꿀 필요가 있었다. 1970년대 들어 기회가 찾아왔다. 제2차 세계대전이 끝나기 직전에 체결한 브레튼우즈 체제Bretton Woods System가 붕괴한 것이다.

브레튼우즈 체제는 미국 달러화를 기축통화로 하여 금환본위제도(금 1온스를 35달러로 고정했다)를 실시하고, 다른 나라의 통화는 달러에 고정하는 것을 핵심으로 하는 국제 통화 질서이다. 전후 자본주의 경제가 30여 년간 호황을 누릴 수 있었던 배경에도 브레튼우즈 체제에 기초한 안정적인 국제 통화 시스템이 있었다. 하지만 1960년대 말부터 만성적인 미국의 국제수지 적자와 베트남 전쟁 전비 조달을 위한 통화량 증대에 의한 인플레이션으로 달러 가치가 급락하자 몇몇 국가가 금 태환을 요구했다. 금 보유량에 비해 너무나 많은 달러를 찍어냈던 미국은 달러를 금으로 바꿔줄 수 없었고, 1971년에 닉슨 대통령이 금 태환 정지를 선언함으로써 브레튼우즈 체제는 붕괴하고 말았다.

그 이후 국제 통화 질서는 걷잡을 수 없는 혼란에 빠지고 각국의 통화가치가 불안정해진다. 1973년과 1979년에 일어난 두 차례의 오일쇼크는 이미 타오르던 물가상승의 불길에 기름을 부었다. 글로벌 자본과 신자유주의자들은 이 위기를 기회로 만들었다. 1979년 미국의 중앙은행인 '연방준비제도FED'의 기습적이고 급격한 금리 인상이 그 시작이었다. 밀턴 프리드먼Milton Friedman(1912~2006)이 이끄는 통화주의학파의 견해가 정책으로 관철되기 시작한 것이다.*

---

* 1969년 노벨 경제학상이 제정된 이래로 초기에는 폴 새뮤얼슨(1970년)이나 존 힉스(1972년) 같은 케인스주의 경제학자들이 상을 받았다. 하지만 1974년 하이에크와 1976년 미국의 대표적인 신자유주의 이론가 밀턴 프리드먼이 수상한 이후, 그들이 이끈 '시카고학파'의 신자유주의 경제학자들에게 연이어 노벨 경제학상이 돌아갔다. 1970년대 중반에 경제학의 주류가 케인스주의에서 신자유주의로 교체된 것이다.

신자유주의에 대해 비판적인 몇몇 학자는 신자유주의neo-liberalism라는 용어부터 문제가 있다고 지적한다. 이 용어는 '새로운 버전의 자유주의'라는 의미로 읽히는데, 고전적 자유주의의 '자유'는 산업과 무역의 자유뿐만 아니라 진보주의자들이 추구하는 정치적 자유도 포함한다. 그래서 특히 미국에서는 자유주의가 보수주의에 반하는 진보주의나 좌파의 이념으로 이해되고 있다. 하지만 비판적인 학자들이 볼 때 신자유주의가 추구하는 자유는 시장에서 가장 강한 자들의 자유일 뿐이다. 그래서 그들은 신자유주의가 시장의 가치를 최우선시하고 시장원리를 삶의 모든 영역으로 팽창시키려 한다는 점에서 시장지상주의market triumphalism 또는 시장우선주의라는 용어를 선호한다.

신자유주의가 지향하는 바는 크게 세 가지로 압축할 수 있다. 첫째, 신자유주의는 '시장을 더 시장답게 만들라'고 주장한다. 시장 영역에 다른 원리가 개입하는 것을 막고, 순수한 자기조정적 시장원리에 따라 작동하도록 해야 한다는 것이다. 이 요구는 시장에 대한 정부의 개입을 최소화하라는 것이며, 규제 완화 및 철폐라는 정책으로 나타났다. 특히 노동시장에 대해서는 '노동 유연화'라는 우아한 용어로 노동자의 권리를 보호하기 위한 정부의 규제를 축소시켰다. 결국 자본의 관점에서 말하는 노동 유연화는 노동자의 관점에서는 '노동의 불안정화', 곧 '삶의 불안정화'로 이어질 수밖에 없다. 신자유주의의 두 번째 요구는

'시장의 영역을 확장하라'는 것이다. 이는 케인스주의 체제 아래서 국가가 담당하던 다양한 경제활동을 시장으로 넘기는 것을 의미한다. 정부의 역할을 축소해 '작은 정부'를 지향한다는 의미이며, 대표적으로 공기업의 민영화privatization, 민간투자사업private investment business, 위탁사업outsourcing이라는 이름의 정책이 추진되었다. 그리고 마지막으로 신자유주의는 '시장 외부의 영역에도 시장원리를 도입하라'고 요구한다. 시장 외부의 영역, 즉 국가와 사회 영역에도 시장원리와 시장가치를 적용해야 한다는 것이다.

원래 국가는 국민의 권리 보호를 목적으로 권한과 의무의 원칙으로 작동하는 영역이며, 사회는 평판과 위신에 기초하여 전통, 관습, 도덕, 규범에 따라 작동하는 영역이다. 국가의 영역에 시장원리를 적용한다는 것은 국가의 원리로 운영되는 공기업 평가 기준에 사기업처럼 수익률을 포함시킨다거나, 공공 기관에서도 효율성(비용 대비 성과)을 고려하도록 하는 것을 말한다. 그리고 사회 영역에 시장가치를 도입한다는 것은 개인을 서로 경쟁하는 '경제적 인간Homo economicus'으로 만드는 것을 의미한다. 이를 위해서 신자유주의자들은 교육의 패러다임을 전환시켰다. 근대 공교육 체계가 구현된 이래로 전인적全人的 인간이나 주체적인 시민 양성 등이 궁극적인 목표였던 교육을 신자유주의는 '인적 자본human capital'에 대한 투자로 재정의한 것이다.

인적 자본론은 시장에서 기업이 서로 경쟁하듯이 개인도 서로 경쟁하는 관계로 간주하고, 기업이 경쟁에서 우위에 서기 위해 자본을 확충해야 하듯이 개인의 경쟁에서도 인적 자본 확대가 결정적이라고 본다. 따라서 교육은 개인의 인적 자본을 확대하기 위한 투자이며, 이러한 개인의 인적 자본 확대는 국가 경쟁력 증진으로도 이어진다는 논리이다.

신자유주의는 1980년대에 영국의 '대처리즘', 미국의 '레이거노믹스'와 함께 구체적인 정책으로 추진되었다. 1979년 영국 최초의 여성 총리가 된 마거릿 대처Margaret Thatcher와 1980년 미국 대통령이 된 로널드 레이건Ronald Reagan은 번영과 자유로 향하는 열쇠는 정부가 아니라 시장이 쥐고 있다는 신념을 정책으로 옮겼다. 오랫동안 학계에서 소외되었던 하이에크도 대처 총리가 이끈 영국 보수당의 경제정책 자문이 되면서 부활했다. 대처는 1987년 한 잡지와의 인터뷰에서 '사회 같은 건 없다. 개인으로서 남자와 여자가 있고, 가족만 있을 뿐이다'라는 말을 남겼다. 개인의 문제를 정부나 사회가 해결해주기를 바라지 말라는 의미였다. 그녀는 총리직을 세 차례나 역임하면서 신자유주의 노선을 따라 구조개혁을 밀어붙였다. 대표적인 정책은 공기업의 민영화*와 그에 반발하는 노동조합의 파괴였다. 미국의 레이건 대통령 역시 대규모의 감세와 복지예산 삭감, 규제 완화 등을 단행했다.

1990년을 전후로 소비에트연방이 해체되고 동구권이 몰락하자, 그것은 곧바로 '자본주의의 승리'로 해석되었고 이때부터 신자유주의가 전 세계로 확산되었다. 이런 흐름 속에서 한국은 '문민정부'로 일컬어진 김영삼 정부가 1990년대 중반에 '세계화 정책'을 선언하면서 신자유주의를 받아들였다. 세계화 정책은 금리 자유화, 은행 경영 자율화, 외환 자유화, 자본시장 개방, 외국인 투자 자유화, 정책금융 폐지 등을 포함하고 있었다. 이 중에서 가장 주된 신자유주의적 조치는 자본 이동의 자유화를 비롯해 외국인의 국내 주식 및 채권 투자, 내국인의 해외 투자, 은행 및 증권업과 신용카드, 할부금융업의 개방 등 급격한 금융 개방 및 자유화였다. 이것은 경제협력개발기구OECD 가입의 조건으로 미국의 월가와 재무부, 그리고 국제통화기금이 요구한 것이고 한국의 재벌도 원하는 것이었다.

금융 안정화와 감독을 위한 법적인 제도 개선 없이 이루어진 이러한 조치는 한국 경제를 자본 이탈에 매우 취약하게 만들었다. 결국 1997년 아시아에 몰아친 금융위기가 한국에는 외환위기로 닥쳤고, 국제통화기금에 구제금융을 요청할 수밖에 없는 상황으로 내몰렸다. 국제통화기금은 195억 달러의 구제금

---

* 당시 영국은 사회주의 국가를 제외하고 세계에서 국영기업이 가장 많은 나라였다. 대처는 3단계에 걸쳐 48개의 공기업을 민영화했다. 취임 첫해인 1979년 국영기업에서 일하는 영국의 노동자 수는 200만 명에 달했지만 민영화를 거친 1988년에는 절반으로 줄어들었다.

22

융을 제공하는 대가로 더욱 강력한 신자유주의적 구조조정을
요구했다.

신자유주의가 불러온 결과는 무엇인가? 실업과 비정규직
이 폭발적으로 증가하면서 노동시장이 불안정해졌다. 다수의
공기업이 민영화되었고, 정부가 하던 일들을 시장에 넘기게 되
었다. 신자유주의 정부들의 친기업적business friendly 행보와 복지
재정 축소는 불평등을 확대하고 서민들의 삶을 더욱 열악하게
만들었다. 특히 신자유주의가 야기한 가장 치명적인 변화는 '시
장가치' 또는 '시장원리'가 우리 삶의 모든 영역으로 스며든 것
이다. 이제 우리는 무엇이든 돈이라는 획일적인 기준으로 가치
를 평가하는 시대에 살게 되었고, 무한 경쟁과 승자독식이라는
시장적 가치가 개인의 일상을 지배하게 되었다.

23

극우 포퓰리즘의 등장

트럼프 현상과 브렉시트

신자유주의적 세계화는 2008년 글로벌 금융위기로 새로운 국면을 맞게 되었다. 미국 뉴욕에 있는 몇몇 금융기관의 부실화로 촉발된 이 사태는 전 세계의 금융시장을 뒤흔들었다. 미국과 세계 각국의 사람들은 글로벌화와 자유무역이 약속하는 모든 것에 대해 의구심을 갖게 되었다. 미국에서는 그러한 위기에 책임을 져야 하는 금융회사에 정부가 납세자들이 낸 세금을 투입해 위기를 모면하게 해주는 일이 벌어졌다. 사람들이 분노하기 시작했다. 특히 미국인들의 분노에 불을 붙인 것은 정부의 지원으로 구제된 월가의 금융회사 경영진이 경영 정상화에 힘쓰기보다 거액의 연말 상여금(보너스) 잔치를 벌인 것이다. 금융권의 부도덕한 행태는 계속되는 경제난과 실업 확대가 겹치면서 2011년 '월가를 점령하라Occupy Wall Street' 는 시위로 이어졌다.*

시위대는 '우리가 99퍼센트다We are the 99 percent'라는 슬로건을 내걸었다. 2011년 9월 17일의 첫 시위는 뉴욕 맨해튼의 주코티 공원에서 1,000명이 모이는 데 그쳤으나, 경찰의 강제 진압 사실이 알려지면서 공감이 확산되고 시위대의 메시지에 대한 호응이 높아져 이내 미국의 주요 도시로 확산되었다. 시위대는 10월 15일을 '국제 행동의 날'로 지정하여 전 세계로 시위를 파급시켰는데, 한국을 비롯해 82개국 900여 개 도시에서 동시다발적으로 일어난 시위는 1퍼센트 대 99퍼센트라는 빈부 격차의 심화에 대한 공감과 분노가 전 지구적 현상임을 보여주었다. '1 대 99'라는 극단적인 구호의 등장은 2008년 글로벌 금융위기 이후 누적되어온 상대적 박탈감에 그 기반을 두고 있다.

금융위기 이후 당선된 버락 오바마Barack Obama 대통령은 '신뢰할 만한 변화'를 약속했지만, 대다수의 미국인은 그가 내놓은 경제정책을 보며 이전 정부와 크게 다르지 않다는 인상을 받았다. 특히 진보 성향의 하버드 법대 출신 흑인인 오바마가 대

---

* 분노한 대중의 시위는 대서양 건너편에서 먼저 시작되었다. 북아프리카의 작은 나라 튀니지에서 노점상을 하면서 생활고에 시달리던 청년의 분신으로 시작된 젊은이들의 시위는 리비아, 이집트 등 인접 국가로 이어졌고, 뒤이어 중동의 다른 나라로 확산되었다. 얼마 지나지 않아 스페인, 그리스, 영국 등 유럽의 여러 나라에서도 시민들이 거리로 뛰쳐나왔다.

통령에 당선된 것은 보수 성향의 백인 노동자층에 자신들이 알고 있는 전통적인 미국 사회와 다른 방향으로 나아갈 것이라고 느끼게 하는 사건이었다. 그러나 그들의 분노는 절망으로 바뀌었고 기존 질서에 대한 대안을 찾기 시작했다. 이제 그들에게는 공화당도 현실감 없는 민주당과 다를 바 없었다. 이런 생각을 공유한 사람들이 모여 '티파티Tea Party'가 탄생했다.

이런 상황을 배경으로 도널드 트럼프Donald Trump가 등장했다. 방송인이자 억만장자인 그의 감성적인 이야기는 보수적인 미국인들의 마음을 유혹하기 시작했다. 트럼프의 연설은 힘, 용기, 명료성, 국가적 자긍심, 개인적 자신감 등의 반응을 불러일으켰다. 트럼프는 비정치적이고 일상적인 어휘로 사람들의 본능적 감정을 자극하며 소통했다. 미국 정부로부터 버림받았다고 느꼈던 이들, 구식 사고라며 무시당하고 위축되어 살아온 이들에게 트럼프는 공감대와 자긍심을 불러일으켰다. 트럼프 지지자들은 그의 화법이 자신들과 같아서 좋아했다. 기존 정치인에 대한 멸시, 독설적인 표현 모두가 지지자들에게 어필했다.

미국 중부에 사는 대다수의 사람은 미래의 경제 상황에 대해 비관적이다. 그도 그럴 것이 아직도 2008년 금융위기에서 회복하지 못한 지역이 많고, 정치적 성향과 상관없이 절망감에 빠져 있는 사람이 대다수이기 때문이다. 밀레니엄 세대는 특히 불만이 많다. 이들은 채무 부담 때문에 부모 집에서 더 오래 얹혀 살고, 더 늦게 결혼하고, 부모에 비해 소득과 소비도 더 적다. 중년 및 노년층에 이제 미국은 사회적으로, 문화적으로 낯선 곳이 되어버렸다. 전통적으로 기독교였던 미국 사회에 세속주의와 좌파 이념이 깊숙이 스며들면서 많은 사람들이 '고국에서 이방인' 같은 느낌으로 살고 있다고 느낀다. 수많은 사람들이 자신이 태어나고 자란 고향에서 수십 년간 가졌던 일자리를 잃었다. 일을 하고 싶어도 그들에게는 첨단 산업이 요구하는 기술이 없다.

미국인들은 정치 지도자들의 사회·경제정책에 대해 분노했을 뿐만 아니라 강하고 독립적인 국가 정부를 대체한 초국적 질서에 대해서도 반발했다. 일반 미국인들은 세계화의 결과로 미국이 개발도상국과의 경쟁에 노출되고 이민노동자가 증가함으로써 임금이 하락하고 실업이 증가했다고 생각한다. 그런 와중에도 미국 정부는 이라크와 아프가니스탄 등에 개입하고 해외 곳곳에 미군을 주둔시키면서 매년 수십억 달러의 세금을 쏟아붓고 있다고 불만스러워했다.

트럼프는 바로 이런 불만에 대한 해결책으로 과거 미국의 영화롭던 시대를 상기시키며 '미국을 우선시하고, 미국을 다시 위대하게America First, Make America Great Again' 만들겠다고 공언함으로써 그들의 향수를 자극했다. 트럼프의 메시지는 지지자들을 열광시키며 희망을 주었다. 트럼프와 극우민족주의자들은 국내의 이민자와 해외의 중국을 적으로 돌렸다. 결국 도널드 트럼프는 2016년 11월 8일 제45대 미국 대통령에 당선되었다. '러스트 벨트rust belt'라고 불리는 쇠락한 공업지대인 펜실베이니아, 위스콘신, 미시간 등지에서 1퍼센트포인트 미만의 표차로 승리하여 전체 득표에서 힐러리 클린턴Hillary Clinton에 비해 약 290만 표를 적게 얻고도 더 많은 선거인단을 확보해 승리했다. 백인 중산층 노동자가 많은 이들 지역은 전통적으로 민주당이 강세였지만, 제조업의 쇠퇴로 다수가 등을 돌린 것이다.

미국에서 트럼프가 당선된 해의 6월에 영국인들은 '브렉시트Brexit'라고 불리는 유럽연합European Union 탈퇴를 결정했다. 당시 브렉시트 여부를 묻는 국민투표에서 탈퇴 51.89퍼센트, 잔류 48.11퍼센트를 선택했다. 그리고 우여곡절 끝에 4년 반 만인 2020년 1월 31일 영국은 유럽연합을 완전히 탈퇴했다.

무엇이 영국인들을 브렉시트로 이끌었을까? 다양한 배경이 존재하지만, 가장 중심에 영국독립당UK Independence Party, UKIP이 있다. 1993년에 창당한 영국독립당은 당명에서 드러나듯이 창당 시점부터 유럽연합으로부터의 독립을 주장했다. 영국 총선에서 당선자를 내지 못했지만, 유럽의회 선거에서는 이민 제한과 유럽연합 탈퇴 등을 주장하면서 점차 의석을 늘려나갔다. 1999년 영국에서 선출되는 유럽의회 의석 84석 중 3석을 시작으로 2004년과 2009년 선거에서 약 16퍼센트를 득표함으로써 각각 12석과 13석을 획득했다. 마침내 2014년 유럽의회

선거에서는 27.49퍼센트의 득표로 노동당과 보수당을 누르고 제1당이 되었다.

유럽연합에 대한 반감은 영국이 유럽연합에 가입함으로써 스스로 주권을 포기했다는 인식에 바탕을 두고 있었다. 이런 반감은 본래 보수당 지지자들을 중심으로 하는 영국 민족주의에 기초한 것이었다. 그런데 2009년에 이르러 유럽연합에 대한 반감이 전통적으로 노동당을 지지했던 노동자 계층에까지 확산되었다. 영국독립당에 새롭게 표를 던지기 시작한 유권자들은 고연령·저학력·저소득층이었으며, 영국 경제 발전의 '낙오자 left-behinds'로 불리는 이들이었다. 그들이 밀집된 지역은 대부분 한때 제조업과 탄광업의 중심이었지만, 마거릿 대처 총리가 추진한 신자유주의 구조조정과 함께 쇠퇴한 오래된 산업도시였다. 특히 2008년 미국발 글로벌 금융위기 이후 영국으로의 자본유입이 감소하고 무역도 위축되는 상황에서 영국 정부가 자체적으로 복지지출을 삭감하는 일련의 긴축정책을 추진하면서 세계화와 유럽연합에 대한 불만이 정치 이슈의 전면에 등장했다.

영국인들의 반反유럽연합 정서는 동유럽이나 중동 지역 출신 이민자와 난민의 유입 증가로 더욱 심화되었다. 당시 영국독립당을 이끈 나이절 패라지Nigel Farage는 난민에 대한 대중적 혐오 감정을 자극하여 유럽연합 탈퇴와 연결했고, 유럽연합에 납부하는 기금을 건강보험 개선 등 노동 계급을 위한 복지 확대로 돌리겠다고 공약했다. 그 결과가 바로 2014년 유럽의회 선거의 승리였다. 영국독립당의 약진은 집권당이었던 보수당에도 영향을 미쳤다. 보수당 내 의원들 중 일부는 민족주의자였는데, 그들 역시 영국독립당의 약진에 자극받아 유럽연합 탈퇴를 주장하게 된다.

'교육 수준이 낮고, 뿌리 애착이 강하고, 정서적으로 보수에 가깝고' '수십 년 동안 사회경제적 지위가 낙후되었지만, 공론장에서도 소외된' 이들의 반발이 트럼프와 브렉시트를 만들어내게 했다. 그들은 진보 진영이 사회의 평범한 다수 층보다는 특정 소수자 집단의 이해만 강조하는 가치에 매몰되었다고 비판했다. 최근 미국과 유럽에서 기존 중·하류층의 사회경제적 지위가 상대적으로 하락한 현상은 이런 담론에 불을 지폈다. 이는 '이 땅의 주인이 우리 사회 고유의 정체성을 지키자'는 토착주의nativism의 부흥으로 이어졌다. 트럼프와 브렉시트는 그 결과이다. 이로 상징되는 서방 선진국에서의 포퓰리즘의 부상은 보편적 인권, 다원주의, 개방 등 서구 민주주의가 지금까지 이뤄온 성과를 되돌리려는 흐름이다. 입장이 엇갈려도 한 가지 점에서 이들의 생각은 일치한다. '주류 정치인은 내 이익은 안중에 없다'는 믿음이다.

2021년 1월 20일 조 바이든Joe Biden이 미국의 46대 대통령으로 취임하면서 '미국이 돌아왔다'고 선언했다. 대선을 치른 것은 2020년 11월 3일이었지만, 트럼프 대통령의 대선 결과 불복으로 우여곡절을 겪은 끝에 겨우 취임식이 열릴 수 있었다. 코로나19 감염 확산에도 불구하고 1900년 대선 이래로 120년 만에 최고 투표율을 기록한 선거에서 트럼프에게 표를 던진 유권자는 오히려 4년 전보다 500만 명 이상 늘어나 있었다. 대선과 함께 치러진 상·하원 선거에서 민주당은 하원에서 10석이 줄어들었고, 상원은 공화당이 다수당을 유지했다. 트럼프 시대에 활성화된 흑인 차별과 동양인 혐오 범죄는 계속 이어지고 있다. 과연 개방적이고 인류의 보편적 가치와 상호 연결성을 지향하는 과거의 미국으로 돌아갈 수 있을지는 여전히 미지수다.

24

새로운 민주주의의 가능성?

한국인의 시민성과 민주주의의 미래

2016년 겨울부터 2017년 봄까지 광화문을 중심으로 한 광장의 경험은 한국 민주주의에 대한 인식에 새로운 계기를 만들어주었다. 최고 권력자인 대통령을 시민들의 평화적인 요구로 탄핵하고 파면시킨 경험은 주권이 시민에게 있음을 실질적으로 확인해준 것이다. 가장 놀라운 점은 시민들이 최고 권력자인 대통령의 탄핵에서부터 새로운 대통령을 선출하기까지 대규모 집회를 통한 평화적이고 합법적인 절차에 따라 이루어냈다는 것이다. 몇 달 동안 주말마다 광화문광장에 수십만 명이 운집해 시위를 벌였지만 아무런 폭력 사태도 일어나지 않았다. 날이 어두워지고 시위가 끝나는 무렵이면 자발적으로 나선 시민들이 거리에 남겨진 쓰레기를 말끔히 치웠다.

약 5개월 동안 매주 토요일마다 수만 명에서 수백만 명까지 광장에 모였지만, 전체 집회 참가자 중 구속자 및 사망자는 단 한 명도 없었다. 광화문을 밝힌 촛불은 그렇게 평화적인 시민의 힘으로 국회를 압박해 대통령을 탄핵하고 헌법재판소의 인용 결정을 이끌어냈다.

대규모 시위에는 상상하기 힘들 정도로 다양한 사람들이 모이고, 그중에는 과격한 개인이나 집단도 있게 마련이다. 분노한 시민들과 경찰이 장시간 대치하다 보면 감정이 격해지거나 충동적인 군중심리가 발현되기도 한다. 그러나 광장에 모인 촛불 시민들은 '질서'와 '비폭력'을 외치며 일부 시민의 돌출 행동을 말리고, 오히려 경찰들에게 물을 건네며 격려했다. 시위대를 가로막은 경찰 버스에 꽃과 스티커를 붙이는가 하면, 시위가 끝나는 무렵이면 다시 깨끗하게 떼어주기까지 했다. 철저하게 평화시위를 고수하려는 시민들의 노력은 비폭력에 대한 과도한 강박으로까지 비칠 정도였다.

하지만 광장에 모인 집단지성이 견지한, 철저한 비폭력 평화시위 전략은 결과적으로 옳았음이 얼마 지나지 않아 확인되었다. 광장에는 아이를 데리고 가족 단위로 나온 사람들과 젊은 여성들, 교복을 입고 나온 청소년도 많았다. 평생 정치 집회에 한 번도 참여해보지 않은 보수적이거나 온건한 사람들에게도 광장으로 나설 용기를 주었다. 그 결과 더 많은 시민이 광장과 거리로 나설 수 있었다. 그것은 또한 수구세력에 반격의 빌미를 주지 않으면서 저항의 정당성을 유지하려는 역사적 경험에서 나온 집단지성의 암묵적이고 전략적인 판단이었다.

통상적으로 경찰은 광화문광장에서 세종대왕 동상 북쪽으로는 시위를 허가하지 않았지만, 촛불 시위대는 철저히 평화시위를 고수함으로써 청와대와의 거리를 좁혀갈 수 있었다. 법원으로서도 헌법이 보장하는 집회와 시위의 자유를 제한할 근거가 없었다. 촛불 시위대의 도덕적 정당성에 기초한 이러한 작은 성과는 더 많은 시민을 광장으로 불러냈고 대규모 시위를 유지하는 동력이 되었다.

18세기 프랑스의 몽테스키외와 장 자크 루소에서부터 존 애덤스, 제임스 매디슨과 같은 '미국 건국의 아버지'라고 불리는 이들까지 새로운 국가를 세우고자 했던 근대 사상가와 혁명가 대부분은 인민이 무지하고 어리석다고 생각했다. 그들이 군중으로 뭉치면 감정적이고 폭력적이 되어 가진 자들을 공격할 것이라고 우려했다. 그래서 그들은 고대 그리스 아테네의 민주정이 아니라 고대 로마의 공화정을 모델로 한 공화국, 그리고 대의정부를 세우고자 했다. 실제로 프랑스 대혁명 이래로 세계 곳곳에서 일어난 크고 작은 민중 봉기의 역사를 본다면 근대 사상가와 혁명가들의 우려를 어느 정도는 인정할 수밖에 없다. 폭력은 더 큰 폭력을 낳았고, 그 과정에서 수많은 사람이 피를 흘리고 고통받았으며, 내전에서 승리해 어렵사리 혁명이 성공하더라도 민주적이고 안정적인 질서가 정착되기 어려웠다.

그런 점에서 시민들이 시종일관 합법적이고 평화적인 시위를 통해 최고 권력자를 파면시킨 한국의 경험은 세계 역사에서 유례를 찾아보기 힘든 사건이라 할 만하다. 촛불을 손에 든 시민들은 시종일관 차분하고 이성적인 태도로 평화적인 시위 전략을 고수하여 기득권 세력에 반격의 빌미를 제공하지 않았고, 입법부와 사법부가 헌법이 명시한 절차에 따라 적절한 판단을 내리도록 효과적으로 압박했다.

대통령 탄핵 과정에서 보여준 한국인들의 독특한 시민성은 2020년 코로나19 팬데믹 위기에서 다시 한 번 확인되었다. 사태 초기에 한국은 발원지인 중국과 인접해 있어 중국에 이어 가장 많은 환자가 발생했지만, 얼마 지나지 않아 봉쇄 조치도 없이 가장 잘 대처한 모범국으로 평가받는 상황이 되었다. 어떻게 그것이 가능했을까? 세계 최고 수준을 보여준 의료진의 헌신과 실력, 묵묵히 마스크를 쓰고 자발적으로 진단검사를 받은 시민들의 선진적인 시민의식, 방역 당국의 적절한 대처가 함께 어우러진 결과이다. 특히 그 핵심에 한국인들이 보여준 특유의 시민성이 있다. 대부분의 한국인들은 정부의 방역 조치에 적극적으로 협조했으며, 자가 격리를 하고 백신을 접종했다. 대규모 시위나 공권력과의 충돌은 일어나지 않았다. 팬데믹이라는 공동체적

위기 상황에서 한국인들이 보여준 태도는 개인주의와 분명히 상반되지만 전체주의와도 역시 거리가 있는, 공동체주의에 가까운 시민성이었다.[*]

한국에서 대규모 촛불 시위가 벌어진 2016년은 영국인들이 브렉시트를 선택하고 미국인들이 트럼프 대통령을 당선시킨 해였다. 30여 년간 지속한 신자유주의는 세계 곳곳에서 수많은 피해자를 양산했고, 국민의 기본권을 보호해야 할 국가와 정치는 제 역할을 못했다. 앞 장에서 살펴보았듯이 신자유주의의 피해자 대다수는 세계적으로 브렉시트와 트럼프 지지로 대표되는 극우적인 방식으로 반응했다. 글로벌한 경제위기와 양극화로 인한 대중적 불만은 한국도 예외가 아니었다. 시장가치가 이식된 사회에서 무한 경쟁과 승자독식이라는 냉혹한 질서에서 생존해야 했다. 특히 신자유주의로 경쟁이 심화한 교육 환경에서 청소년기를 보내고, 비정규직의 확산으로 기회가 줄어든 노동시장에 좌절한 20~30대 청년들은 자신이 처한 절망적인 상황을 '헬조선', '망한민국', '흙수저', '이생망' 등 자조적으로

[*] 2020년 5월에 〈시사IN〉과 KBS가 공동 기획하여 서울대학교 사회학과 임동균 교수와 한국리서치가 공동으로 수행한 대규모 웹 조사에 따르면 한국인들의 적극적인 방역 참여는 권위주의, 순응주의, 집단주의 같은 이른바 '동아시아적 가치'와 무관했다. 통계적으로 가장 강력한 관련성을 보인 특성은 '민주적 시민성'이었다. 민주적 시민성이 높은 사람은 개인이 자유롭기를 바라지만, 좋은 공동체 안에서만 진정으로 자유로운 개인이 가능하다고 믿는다. 그래서 좋은 공동체를 만드는 데 의무감을 느끼며, 그러지 않는 시민들을 '무임승차자'라며 싫어하는 성향도 강하다.

표현했다.

주변부로 밀려난 이들은 자연스럽게 체제에 저항하는 세력이 되는 것이 아니라 자신을 주변부로 밀어냈다고 여겨지는 이들을 공격하면서 자신들을 보호해줄 더욱 강력하고 권위주의적인 정치 세력과 질서를 옹호하는 반동적 집단 정서를 갖게 되기 쉽다. 앞 장에서 보았듯이 미국이나 유럽에서 사회경제적 삶이 열악해진 백인 노동자들은 그 원인을 주로 외국인 이민자와 난민에게 돌렸고, 이들에 대한 적대 정책을 내세운 극우 정치인들을 지지했다. 그런데 한국에서 외국인 이민자는 많지도 않을뿐더러 정부 정책이나 제도가 그들에게 우호적인 편도 아니라서 애초에 주된 공격 대상이 되지 못했다.

한국 청년들의 불만은 2010년대 초부터 일간베스트저장소(일베)로 대표되는 일부 온라인 사이트에서 혐오와 조롱으로 표출되기 시작했다. 그들의 혐오 대상은 특정 인종이나 국적, 특정 지역, 성소수자, 진보적 정치 성향 등 광범위했지만, 특히 여성과 페미니즘에 집중되었다. 2014년에는 세월호 유가족들의 단식투쟁을 조롱하는 '폭식 투쟁'을 계기로 오프라인으로도 진출했다. 2015년부터는 메갈리아Megalia라는 커뮤니티 사이트의 이용자들이 일베류의 여성혐오를 남성에게 그대로 반사하는 '미러링mirroring' 전략으로 대응하기 시작했다. 결국 2016년 5월 강남역 살인 사건을 계기로 여성혐오와 남성혐오라는 극단적인 젠더 갈등이 폭발적으로 분출되었다.

2016년 10월 말부터 시작된 촛불 시위의 배경에도 신자유주의가 야기한 사회경제적 불평등과 모순이 깔려 있었다. 광장에 모인 촛불 시민 중에는 '박근혜 퇴진'과 함께 '헬조선 타파'를 요구하는 이들도 있었다. 그러나 촛불 시위는 사회경제적 부조리에 대한 분노의 대상까지 '박근혜-최순실 국정 농단'으로 수렴시켰다. 어쩌면 당시에 한국은 운 좋게도 국정 농단이라는 눈에 보이는 명백한 '악'이 있었기에, 브렉시트나 트럼프 현상과 같은 반동적인 흐름으로 폭주하지 않았는지도 모른다.

하지만 새로운 대통령이 취임하고 나서 5년이 지나는 동안에도 사회경제적 구조개혁은 대부분 실현되지 못했다. 문재인 정부와 민주당은 개혁을 추진하기에 충분히 유능하지 못했던 반면에 정관계, 재계, 법조계, 언론계 곳곳에 뿌리박힌 기득권 카르텔은 개혁을 완강히 거부하며 저항했다. 개혁이 지연되는 와중에 기성 정치에 대한 불신, 젠더 갈등과 소수자 혐오 등 극우 포퓰리즘의 토양은 계속 단단해지고 넓어졌다.

현재 우리는 이중의 과제를 해결해야 하는 상황에 놓여 있다. 권위주의 정치체제의 잔재를 일소하고 제도적·형식적 민주주의를 보다 공고히 해야 하는 한편으로 신자유주의가 불러온 사회경제적 문제를 해결해야 한다. 후자의 과제는 시장의 횡포와 불공정에 대항하여 국민의 기본적인 삶을 보호하는 국가 역할의 재정립이 필요하다는 점에서 전자와 연관되어 있다. 따라서 어떤 정치 세력에 권력을 위임할 것인가를 결정하는 문제는 지금도 여전히 중요하다. 하지만 입시 경쟁에 매몰된 교육, 젠더 갈등, 소수자에 대한 차별과 폭력, 사회 전반에 촘촘히 짜인 '갑을관계'와 '갑질' 등 시장화된 사회의 문제는 국가권력과 제도적 민주주의에만 의존해서는 해결되지 않는다. 자신이 속한 가정, 학교, 직장, 지역에서 공동체의 삶을 어떻게 근본적으로 변화시킬 수 있을지 함께 고민하고 연대해야 한다. 이를테면 청년유니온, 알바노조, 라이더유니온 등을 중심으로 한 불안정한 청년 노동자들의 연대, '미투 운동'으로 표출된 성범죄에 대한 여성들의 투쟁이나 총수 일가의 갑질에 대항하는 대한항공과 아시아나항공 직원들의 연대, 프랜차이즈 본사의 횡포에 맞선 가맹점들의 협동조합 결성 운동과 같은 '을들의 반란'을 어떻게 하면 보다 광범위하게 조직할 수 있을지 모색해야 한다.

우리의 민주주의를 향한 여정은 여전히 진행 중이며, 다시 중요한 기로에 놓여 있다. 한국인의 독특한 시민성은 서구에서 한계에 부딪힌 근대 민주주의에 새로운 지평을 열어줄지 모른다.

주
___

들어가는 말 | 이게 나라냐

1) 이지호·이형우·서복경, 『탄핵 광장의 안과 밖 : 촛불민심 경험분석』,
   책담, 2017년, 19쪽.
2) 존 로크, 『통치론』 제2권 9장 124절.
___

01 | 정치, 함께 더불어 사는 기술

1) 막스 베버, 박상훈 옮김, 『소명으로서의 정치』, 폴리테이아, 2011년, 111쪽.
2) David Easton, *The Political System: An Inquiry into the State of Political Science*,
   New York: Alfred A. Knopf(1953).
3) Thucydides, *The Peloponnesian War*, Harmondsworth: Penguin(1972), p. 145.
___

02 | 전쟁이 만들어낸 질서

1) 막스 베버, 박상훈 옮김, 『소명으로서의 정치』, 폴리테이아, 2011년, 121쪽.
2) 같은 책, 110쪽.
3) 니얼 퍼거슨, 구세희·김정희 옮김, 『니얼 퍼거슨의 시빌라이제이션』,
   21세기북스, 2011년, 89쪽.
___

03 | 왕의 권력은 신이 준 것이다

1) 장 자크 루소, 『사회계약론』 제1권 3장.
2) 막스 베버, 박성환 옮김, 『경제와 사회 1』, 문학과지성사, 1997년, 409쪽.
___

05 | 권력에 대한 공포에서 무질서에 대한 공포로

1) Norberto Bobbio, *Thomas Hobbes and the Natural Law Tradition*,
   University of Chicago Press(1993), pp. 43-44.

2) Bertrand Russell, *Power: A New Social Analysis*(1938), p. 10; 안정효 옮김, 『권력』, 열린책들, 2003년, 21쪽, 번역 일부 수정.

06 | 정당한 권력은 인민의 동의에서 나온다

1) Patrick Riley, "Locke on 'voluntary agreement' and political power", *The Western Political Quarterly 29-1*(1976), p. 137.

07 | 일반의지에 대한 복종은 나 자신에 대한 복종

1) 김용민, 「루소의 일반의지에 나타난 권력 개념 : 정당성을 중심으로」, 〈정치사상연구〉 제5권, 2001년, 110~111쪽.
2) Patrick Riley, "A Possible Explanation of Rousseau's General Will", *American Political Science Review 64-1*(1970), p. 86.
3) William T. Bluhm, "Freedom in 'The Social Contract': Rousseau's 'Legitimate Chains'", *Polity 16-3*(1984), p. 375.

10 | 민주주의인가, 전체주의인가

1) John Charvet, *The Social Problem in the Philosophy of Rousseau*, Cambridge University Press(1974), p. 120.

14 | 공화정에서 민주공화정으로

1) 임승휘, 「16세기 후반 잉글랜드와 프랑스의 국가 개념 비교 연구 : 토머스 스미스Thomas Smith와 장 보댕Jean Bodin의 국가론을 중심으로」, 〈이화사학연구〉 제53권, 2016년.
2) 1787년에 열린 연방헌법제정회의의 비밀 토론 노트.
3) *The Works of John Adams*, Little, Brown and Co.(1856).

15 | 양이 사람을 잡아먹는다

1) 지그문트 바우만·카를로 보르도니, 안규남 옮김, 『위기의 국가』, 동녘, 2014년, 138쪽.
2) 칼 폴라니, 홍기빈 옮김, 『거대한 전환』, 길, 2009년, 179쪽.

18 | 사회진화론과 '문명화 사명'

1) Brian Stanley, *The Bible and the Flag*, Apollos(1992), p. 34.

20 | 자본주의 시장과 관료제 국가

1) 칼 마르크스, 『자본론 1』 제8편 28장.
2) 막스 베버, 박성환 옮김, 『경제와 사회 1』, 문학과지성사, 1997년, 410쪽.
3) 같은 책, 347쪽.
4) 막스 베버, 박상훈 옮김, 『소명으로서의 정치』, 폴리테이아, 2011년, 120쪽.
5) 같은 책, 119쪽.
6) 막스 베버, 이남석 옮김, 『행정의 공개성과 정치 지도자 선출 외』, 책세상, 2002년, 16쪽.
7) 같은 책, 17쪽.

---

21 | 모든 권력을 사회로

1) Immanuel Wallerstein, Sharon Zukin, "1968, Revolution in the World-System: Theses and Queries", *Theory and Society 18-4*(1989), pp. 431-449.
2) 막스 베버, 이남석 옮김, 『행정의 공개성과 정치 지도자 선출 외』, 책세상, 2002년, 17쪽.
3) 오창룡, 「1960~70년대 프랑스의 자주 관리 운동과 프랑스 사회당의 자주 관리 노선」, 〈진보평론〉 제24호, 2005년, 246쪽.
4) 잉그리트 길혀홀타이, 정대성 옮김, 『68혁명, 세계를 뒤흔든 상상력』, 창비, 2009년, 136쪽.

왜 국가인가
근대 국가와 정치혁명

초판 1쇄 인쇄 2022년 3월 10일
초판 1쇄 발행 2022년 3월 16일

지은이 이기라
펴낸이 박남숙

펴낸곳 소소의책
출판등록 2017년 5월 10일 제2017-000117호
주소 03961 서울특별시 마포구 방울내로9길 24 301호(망원동)
전화 02-324-7488
팩스 02-324-7489
이메일 sosopub@sosokorea.com

ISBN 979-11-88941-75-9 04300
       979-11-88941-72-8 (세트)

책값은 뒤표지에 있습니다.